わらべ歌に隠された古代史の闇

関 裕二

PHP文庫

JN150179

○本表紙図柄＝ロゼッタ・ストーン（大英博物館蔵）
○本表紙デザイン＋紋章＝上田晃郷

はじめに

伝統的な子どもの遊びの中には、素直な心を持っていた太古の記憶が残されているらしい。子どもは、知らず知らずのうちに、古代から連綿と受け継がれてきた原始的な祭りの様式を、いまに伝えているというのである。

たとえば、子どもは無意識に鬼ごっこというが、鬼とは、妖怪、死者の霊魂、亡霊などの意味を持っている。子どもは好んで霊魂に扮し、妖怪に追いかけられて笑い転げていたことになる。また、鬼は太古「モノ」と読み、「神」と同義語であったから、鬼ごっことは、神の真似をすることが原義ととることもできる。

ちなみに、子どもが鬼ごっこや神の遊びをするものと考えられているひとつの理由には、古来、子どもが神や鬼と同一視されていたことと無縁ではなかったようだ。昔話の中で子ども（童子《どうじ》・童女《どうじょ》）が主人公で登場し、大人でも手に負えぬ鬼を退治してしまうのは、子どもが鬼よりも強い鬼、あるいは鬼の邪気に打ち勝てる聖なる存在とみなされていたからである。

子どもには不思議な力が秘められていると考えられていて、神に近い存在とみなされていたから、多くの重要な神事にも、童子・童女は主役級の大役を任されてきたのである。その、子どもが行ってきた神事・祭りが、遊びとなって今日に伝わった疑いが強いのである。

とすれば、伝統的な「遊び」も、軽視することはできない。

たとえば……つい近年まで女子の遊びの定番であったカゴメ歌にも、謎がないわけではない。

カゴメ歌といえば、鬼が目を塞いでしゃがみ、そのぐるりを他の子どもたちが取り囲み、歌を謡い、立ち止まったところで、後ろ側に立った人の名を当てるというゲームとして知られる。

目に見えぬ背後の人物を言い当てるということも何やらオカルトじみているが、この、中央でかがみ込んだ人物を取り囲むのは、霊媒者に神おろしをする形とそっくりであるともいう。

たしかに、カゴメ歌は、不可解な歌詞である。

カゴメカゴメ（籠目・籠目）、籠の中の鳥は、いついつ出やる。夜明の晩に、鶴と亀がつっぺった（すべった）。後ろの正面だあれ。

籠の中にいる鳥は、はたして閉じこめられているとでもいうのであろうか。そして、夜明の晩という矛盾、何の脈絡もなく鶴と亀が出てくるのはなぜか。そして、なぜ後ろの正面を推理しなければならないのか……。知らず知らずに口ずさんでいた歌が、不気味な謎を持っていたことに気づかされるのである。

カゴメ歌を記した最古の文献は、江戸時代の安永八年（一七七九）のもので、そこには、「むかしむかしよりいいつたえし　かごめかごめのものがたり」とある。

このことから、カゴメ歌が少なくとも江戸中期には遡ること、しかもこのとき、すでに「むかしむかしから伝わる」「物語」と認識されていたことがわかる。

カゴメ歌を継承してきた者が童女であり、童女が巫女《みこ》としてきわめて宗教的意味を持っていたことは無視できない。というのも、古代より語り継がれた星の数ほどの民話・伝承の中でも女性の悲劇にまつわる代物《しろもの》には、あるひとつのパターンがみられる。その根が想像以上に古く、しかも、カゴメ歌にも、この「様式」が当てはまってくるからである。

それは、たとえば鶴の恩返しであり、天《あま》の羽衣《はごろも》伝承、『竹取物語』(かぐや姫)、奈良県の中将姫《ちゅうじょうひめ》伝説、北陸地方の奴奈川姫《ぬなかわひめ》伝説である。

これらの話の中のことごとくが、シャーマン(巫女)的要素を含んでいること、最後に悲劇的な幕切れが用意され、天に飛んで帰る(死、自殺を含む)こと、さらには「水(沼・湖・海)」「鳥(白鳥・羽衣を含む)」「カゴ(籠・籠目・亀・亀甲《きっこう》、籠の材となる竹)」「機織《はたおり》(天の羽衣・神衣を織ること、すなわち鳥のイメージとつながっている)」といった、古代日本の民俗信仰の痕跡が濃厚にみられるのである。

これらの説話が、新しいもので中世、古いものでは神代《かみよ》(つまりはヤマト建国直前の混乱期の話であろう)まで遡り、予想以上に古い題材であることも興味深いが、問題はカゴメ歌の中に、この「女性(巫女)の悲劇の説話」と共通のパターンが見出せることなのである。

しかも、この遊びの形式が、一種の「神おろし」であり、「童女(巫女)」たちの手で継承されてきたところに、深い秘密を感じずにはいられないのである。

カゴメ歌には、千数百年にもわたる女人の恨みつらみ、執念が込められている……これが、カゴメ歌を追ってみて行き着いた答えであり、「カゴメ歌的なもの」が語り継がれてきたのは、この女人の悲劇が、歴史の秘密を隠し持っていたからであろう。

編集協力：アイブックコミュニケーションズ

わらべ歌に隠された古代史の闇　目次

第1章　神事に通じる子どもの「あそび」

第2章　鳥巫女とカゴメ歌の秘密

第3章　ヤマトタケル・邪馬台国とつながるカゴメ歌の謎

第4章　カゴメ歌にこめられた「怨念」の謎

第1章 神事に通じる子どもの「あそび」

「カゴメ」は「籠目」ではなく「かがめ？」

カゴメ歌が謎めいて聞こえるひとつの理由に、カゴメ紋に感じる本能的な畏敬の念があるのではないか。

本来、人は円や正方形、正三角形というもっとも基本的な図形を神聖視してきたが、カゴメ紋はまさに、この神聖な図形を二つ組み合わせた神秘の造形をなしているといえよう。

新興宗教では、カゴメ紋を利用する例が多く、また、カゴメ歌を引き合いに出す例がまま見られるのも、理由のないことではあるまい。カゴメ紋はカゴ（籠）を編めば、自然に浮かび上がる図形であるが、何本もの竹を六十度に交差させただけで、どこまでも広がる平面、永続性が生まれる。このため、実際に、古代人にとって「カゴ」は、神から授かった神聖な利器でもあった。

そのためか、カゴメ紋は、古来各地で魔除けの護符としても使用されてきたのである。

　ところが、民俗学者はカゴメ歌のカゴに関して、きわめて無頓着で、冷淡な見方をしている。
　たとえば、日本民俗学の祖・柳田国男は、『こども風土記』（筑摩書房）のなかで、「カゴメ」は「籠目」ではなく、「かがめ」がなまったものとする。
　カゴメ歌は、数人が手をつなぎ輪を作り、中央にしゃがみ込んだ鬼のまわりをぐるぐる回り、歌い終わったところで、鬼が背後に回り込んだ者の名を当てるゲーム（当てものゲーム）でもある。この、しゃがんだ（かがんだ）鬼の状態こそ、「カゴメ＝かがめ」の原義だったとするのである。

　誰が改作したか、それ（かがめ……筆者注）を鳥の鷗のやうに解して籠の中の鳥といひ、籠だからいつ出るかと問ひの形をとり、夜明けの晩など、いふあり得べからざるはぐらかしの語を使つて、一ぺんに坐つてしまふのである。

　つまり、柳田国男によれば、はじめ「かがめ・かがめ」とはやしていた遊びが、子どもたちの自由な発想によって、現在の形に変化したのだろう、というのである。

この柳田国男の指摘は、民俗学上の通説、定説となった。

たとえば、浅野建二氏は、『新講　わらべ唄風土記』（柳原書店）のなかで、

「かアごめ」は、もと身を屈《かが》めよ、即ちしゃがめという意味であったが、誰が改作したか、それを鳥の「鷗《かもめ》」のように解して、「籠の中の鳥は」といい、籠だからいつ出るかと問いの形をとり、「夜明けの晩」などというあいまいな語を使って、しまいに「つる〳〵つッぺヱつた」から「鶴と鶴と（或ハ「鶴と亀と」）すウべった」に転訛《てんか》してしまったのである。

としている。

ほとんど柳田国男の説を踏襲しているのは（文章もそっくり）、柳田国男が民俗学の権威、大御所だからで、「カゴメ」が「かがめ」であったとのっけから断言しているのは、柳田国男がそう「定めた」からにほかならない。

もちろん、柳田国男には「カゴメ」を「かがめ」とする根拠はあったのだが（こ

のことは再度触れるとして）、それにしても、ほぼ日本全国の子どもたちが、「カゴメ歌」を遊びながら、「かがめ」という「古態」を伝えた「カゴメ歌」をひとつも残さなかったのはなぜだろう。誰も疑問を唱えないのは、かえって不審ですらある。

少なくとも、柳田国男以降、民俗学がカゴメ歌の「カゴメ」に無関心で無頓着であったことは、たしかなことなのである。

竹で編んだカゴは神聖な器だった

ここで注目すべきは、「竹で編んだカゴ（籠）」そのものが、「神」「祭り」に直結する、神聖な器だったということである。神聖な器であると共に、神に仕える人びとが造る利器でもあった。そうであるからこそ、「カゴメ」の一言が、すでに大きな暗示なのである。

このことがわからないと、カゴメ歌の謎解きに入ることはできないのである。

たとえば、籠の材料となる竹（竹取に従事する人も含まれる）は、ときに神聖視されたものであった。理由は、おそらく成長の驚異的な早さから、生命力みなぎる植物とみなされたからであろう。沖浦和光氏は『竹の民俗誌』（岩波書店）の中で、竹や竹製品について、

どこにでも生えている〈凡草衆木《ぼんそうしゅうぼく》〉とは違って、《竹》には超自然的な働きをする霊力《れいりょく》があると信じられていたのである。それゆえに、呪術《じゅじゅつ》の用具として竹器《ちっき》が用いられたのだ。

としている。すなわち、籠は単なる生活の道具ではありえない。

たとえば、能楽のシテが笹を持って登場する場合、笹＝竹は霊性が認められていたから、この行為は、持ち主の神聖さを表していたとさえいわれている。つまり、笹を持つことで、シテが神であることを表しているのである。

また、籠の中でも鬚籠《ひげこ》と呼ばれる、編み残しが鬚のように出たものがあって、平安時代頃から贈答の容れ物として用いられるようになったが、それ以前、この籠は神への供物《くもつ》容《い》れであった。

つまり、籠は神聖な供物の容器にもなったわけだが、さらにそれ以前に遡ると、籠が想像以上に重要で神聖な意味を持っていたことがわかる。折口信夫《おりくちしのぶ》によれば、それは神の在処であり、また太陽神を表したものであろう、とするのである。

折口は、「髯籠の話」（『折口信夫全集』中央公論社）の中で、髯籠について、おおよそ次のような指摘をしている。

古くから続く祭りの中で、だんじり、だいがく、ほこなど山車《だし》（みこしではなく）は、たいがいの場合、標山《しめやま》の風習を伝えたものとされている。この標山とは、大《だい》嘗祭《じょうさい》のとき、悠紀《ゆき》・主基《すき》二つの国の国司の列立する場所に、しるしとして祀られた木が原形で、山の形に作り、日や月、榊《さかき》などの飾り物をしつらえるものであった。そして、大嘗祭の標山をさらに遡ると、どうも髯籠に行き着くらしいのである。

だんじり、だいがく、だし、ほこの上には、柱や旗竿が天高くそびえ、その先端には、三日月、槍、薙刀《なぎなた》、神楽鈴《かぐらすず》などが飾ってある。この風習は、神の標山（本当の山・神が降りる山）の山頂付近に神の降りる目印の神木があったことにちなみ、しかもこの木には、神の目を引く依《よ》り代《しろ》があり、その原初の形が件の髯籠であった、というのである。

折口は、この鬚籠について、次のようにいっている。


木津の故老などが、ひげことは日の子の意で、日神《ヒノカミ》の姿を写したものだと申し伝へて居るのは、民間語原説として軽々に看過する事が出来ぬ。其語原の当否はともかく、語原の説明を籍りて復活した前代生活の記憶には、大きな意味があるのである。（『折口信夫全集　第二巻』（中公文庫））

としたうえで、鬚籠の編み余し（ヒゲ）を太陽の後光とみなし、籠本体を、日神を象《かたど》ったもの、と考えたのである。

さらに、この鬚籠が依《よ》り代《しろ》から変化し、籠目を目として考える風習ができあがった、ともいっている。

たとえばそれは、蘇民将来伝説《そみんしょうらいでんせつ》となっている、ともいう。

蘇民将来と鬚籠の不思議な話

そこで話は脱線するが、『備後国風土記《びんごのくにふどき》』逸文《いつぶん》に載るこの伝説に少し触れておきたい。

それは、広島県福山市の疫隅《えのくま》神社にまつわる伝承である。

その昔、北の海にいた武塔《むとう》の神が南の海の娘に求婚しようとやってきたが、日が暮れてしまった。

さて、この地には、将来と名のる兄弟がいた。兄の蘇民将来はひどく貧しく、弟の将来は裕福で蔵をいくつも持っていた。武塔の神が宿を請うと弟は断り、兄は快く引き受けたのだった。粟の茎を座ぶとんにし、粟の飯でもてなした。

後年、武塔の神は八柱の子を引き連れ、恩返しにやってきて、蘇民将来のひとり娘の腰に、茅《ち》の輪《わ》を着けるよう教え諭した。

その夜、武塔の神は、蘇民将来の娘ひとりを残して、人びとを殺し尽くして、娘に次のようにいう。

「私は速須佐雄《はやすさのお》の神である。後の世に疫病《えやみ》がはやったら、蘇民将来の末裔といって茅の輪を腰に着けていれば、助かるであろう」

ここで話は終わっているが、このような伝承から、疫隅神社は今日では素盞嗚神《すさのおじん》社《じゃ》と名を変え、境内に蘇民神社と疱瘡神社《ほうそうじんじゃ》を祀っている。

問題は、この伝承が備後国だけでなく、いくつかの地域にも広がっていて、しかも蘇民将来の護符にカゴメ紋（☆の場合もある）が刻まれている例のあることであった。これをもって、スサノオの出身をユダヤ系ととる説もあるのだが（詳述は避ける）、このカゴメの起源はどうも鬚籠であったらしい。

もともと太陽神を意味していた鬚籠が、邪神から身を守る護符として変化したことについては、折口信夫の貴重な推理がある。

本来、鬚籠は木に空高く掲げ、天つ神を呼び降ろす依り代であった。だが、本当に呼び寄せたい神ではなく、横合いからお呼びでない神が紛れ込むこともあったであろうことから、この浮浪神を退治する役目が、次第に籠目に備わっていた、というのである。

たとえば、武蔵野一帯の村々で二月と八月の八日に行われていた「八日どう」や「八日節供」で、前の晩から「めかい」（方形の目笊《めざる》）を竿の先に高く掲げ、「一つの眼」という者が「めかい」の眼力の強さに怯えて近づかないという例をあげ、次のようにいっている。

> 南方《みなかた》氏（南方熊楠《みなかたくまぐす》――筆者注）の報告にも、外国で魑魅を威嚇する為に目籠を用ゐると言ふ事が見えてゐたが、其は恐らく兇神の邪視に対する睨み返しとも言ふべきもので、単純なる威嚇とは最初の意味が些し異って居たのではないか。（中略）最初は単純に招代であったのが、次には其片手間に邪神《アシキカミ》を睨み返すこと、なり、（中略）高く空よりする者の寄り来るを予防した次第である。（『折口信夫全集　第二巻』（中公文庫））

つまり、はじめは神の依り代であった籠の籠目を重視して、ついには邪神に打ち勝つ眼力が重宝されていた、というのである。

これら折口の指摘は、いちいちうなずけるものだが、鬚籠＝太陽神という事柄に関しては、即断を避けたいと思う。

カゴメ歌と『竹取物語』の共通のモチーフとは?

カゴメ歌はいったいいつ頃から歌われ始めたのだろう。どのようにしていまのスタイルが確立されたのだろう。何分にも、子どもが語り継いできたものだけに、確かな史料はない。

現存する史料の中で最古のものは、江戸時代の安永八(一七七九)年に市場通《いちばつう》笑《しょう》と鳥居清長《とりいきよなが》によって発行された黄表紙《きびょうし》の『かごめかごめ籠の中の鳥』である。そこには、カゴメ歌が、「むかしむかしより」言い伝えられてきた歌だったと記録されている。さらに、この文書の中で、籠の中の鳥とは、遊郭に入った女人を示し、「いついつでやる」は、すなわち年季明けはいつなのかと心配することを歌ったものと解説されている。

かなり艶っぽい解釈になるが、これは黄表紙という「読本・絵本」の性格上、やむをえぬものであろうし、ひとつの説として頭の片隅に置いておいてもいい。

一方、カゴメ歌の起源は、想像以上に古いのではないかと推理するのが、共同研究者で歴史作家の梅澤恵美子氏である。

というのも、日本最古の物語として知られ、かの紫式部も称えた『竹取物語（かぐや姫）』の中に、カゴメ歌と共通のモチーフが秘められているからである。

そして、そのモチーフのひとつは、いわゆる神仙思想であり、この指摘はのちのち重要な意味を持ってくるために、あまりカゴメ歌とはつながりがないと思われるかもしれないが、カゴメ歌と『竹取物語』の接点を少しばかり説明しておかなくてはならない。

ちなみに、『竹取物語』は平安時代に成立した物語である。

さて、カゴメ歌の主人公は鶴と亀だが、両者に共通なのは、長寿のイメージである。「鶴は千年、亀は万年」と、日本では言い伝えられてきたが、これは、中国の神仙思想の強い影響を受けたからであろう。

紀元前四世紀頃、中国大陸では、東方の海上に蓬萊《ほうらい》、方丈《ほうじょう》、瀛州《えいしゅう》という三つの神山が存在すると信じられていた。この山には不死の薬があって仙人（僊人）が住んでいるというのである。有名な徐福《じょふく》は、この蓬萊山に不死の薬を求めて旅立ち、日本にたどり着いたと考えられている。

やがて、三神山がみつからぬまま、紀元前二世紀頃になると、今度は不死の薬を探すのではなく、自らの手で創り出してしまおうという方士《ほうし》が現れる。中臣鎌足《なかとみのかまたり》が飲んだのではないかとされる仙丹《せんたん》は、まさにこの錬金術によって生み出された代物であったという。

この不老長寿を願う神仙思想は、やがて道教へと発展していくのだが、邪馬台国の卑弥呼《ひみこ》も、原始的な道教の信奉者だったのではないかとされ、また天皇という称号は、そもそも道教の言葉であり、日本固有の宗教と思われがちな神道《しんとう》には、道教的要素が強烈に焼きつけられてもいる。

この、不老不死を願った神仙思想を彷彿《ほうふつ》とさせる鶴と亀がカゴメ歌に登場するのは興味深いが、また一方で、想像上の蓬莱山は亀の背に乗っていることがしばしばで、また亀の甲羅には亀甲紋《きっこうもん》（正六角形の連続）があり、これがカゴメ歌とのつながりを連想させるのである。

カゴメ歌と共通する『竹取物語』のモチーフ

「カゴメ歌」の主人公

鶴　　亀

長寿のイメージ

＝

中国の神仙思想

＝

不老長寿を願う思想

＝

『竹取物語』のかぐや姫

天人から

天の羽衣＝仙人
不老の薬

をもらう

神仙思想に彩られた『竹取物語』

カゴメ歌ばかりでなく『竹取物語』も、この神仙思想に彩られている。『竹取物語』は、九世紀に成立した日本最古の説話集として知られる。物語は、竹取の翁が竹の中から光り輝くかぐや姫を見つけることから始まる。

三ヵ月で成長したかぐや姫の美しさは、高貴な人も賤《いや》しき人も虜《とりこ》にし、ついには皇子や公達たちが競って求婚したのだった。

しかしかぐや姫は、これをおもしろく思わない。五人の求婚者に無理難題を押しつけ、それがかなわぬと見るや、冷淡に袖にするのだった。その無理難題とは、天竺《てんじく》（インド）の、二つとない鉢であるとか、東の海の蓬莱山の白金・黄金・白い玉からなる木の枝などであった。これら、この世ではとても得がたい宝を探させるところは、まるで不死の薬を徐福《じょふく》に求めさせた秦《しん》の始皇帝《しこうてい》のようで、また事実物語の中で神仙思想にいう蓬莱山が登場しているのは偶然ではあるまい。かぐや姫は、このの天皇の入内《じゅだい》の要請も断り、天に帰っていくが、このとき迎えに来た天人は、天《あま》の羽衣《はごろも》と不死の薬をかぐや姫に渡している。

不死の薬は、改めていうまでもなく神仙思想そのものであり、さらに『竹取物語』のもうひとつのテーマ、天の羽衣も同様の発想から物語に取りあげられた疑いが強い。

『竹取物語』によれば、いよいよかぐや姫が昇天しようとするちょうどそのとき、天人が天の羽衣を着せようとするが、

「衣著つる人は、心ことになるなりといふ。物一言《ひとこと》いひおくべき事ありけり」

この羽衣を着てしまうと、人間とは異なる心になってしまうので、その前にひと言だけいっておきたいことがある、としている。すなわち、人間と天人の差はこの羽衣を着ているかどうかにあって、この説話は天皇の行う神事とよく似ている。即位後最初の新嘗《しんじょうさい》祭を大嘗《だいじょうさい》祭といい、そのクライマックスで天皇は天の羽衣をまとい、ここで天皇は人間から神へと変化するからだ。

天の羽衣は、このように神や天人、仙人の持ち物であり、また天の羽衣伝承で

は、羽衣を盗まれた天女は空を飛べなくなったとある。実は、神仙思想における仙人の「仙」は、はじめ「僊」の字を用いていたのだが、この字は空を飛ぶことを意味していた。すなわち、仙人は不老不死であると同時に、移動自在であったわけだ。もちろん、天の羽衣という道具も、神仙思想から発展したものに間違いあるまい。

かぐや姫は巫女であり聖女だった？

このように見てくれば、『竹取物語』の作者が神仙思想をかなり意識していたことは明らかであるが、ここでもうひとつ付け足しておきたいのは、かぐや姫が成長する前の記述である。

いと幼《をさな》ければ、籠《こ》に入れて養ふ

かぐや姫は籠《かご》に入れて育てられていた、という。これはちょっと聞き捨てならない。

天の羽衣は天に帰るための翼であり、衣を着て人間でなくなったかぐや姫は、白鳥のイメージである。この白鳥が幼少のころ、籠で育てられたのは意味のないことではあるまい。そして、このことは、カゴメ歌とかぐや姫の近さを暗示しているのではあるまいか。

たとえば——これはのちに重要な意味を持ってくるのだが、物語の中で、かぐや姫に求婚した者のひとり、「いそのかみ（石上）まろたり」は、かぐや姫が指示した燕《つばめ》の巣の中にある子安貝《こやすがい》を探すために、綱で吊した籠に乗って巣に近づくが、途中で転げ落ちてしまう。

籠＝亀甲とすれば、「いそのかみまろたり」は亀とともにすべっていることになる。また、かぐや姫は天に帰る直前、天皇に不老不死の薬を渡しているが、天皇はかぐや姫に会えぬのならば、生きていて何の甲斐があろうといって、天にもっとも近い富士山で薬を焼いてしまうのだった。

長寿を約束するはずの鶴と亀はすべり、天皇は不死の薬をむざむざと焼いてしまう……。このような二つの話の符合は、はたして偶然なのであろうか。

これはのちに詳述するが、かぐや姫に求婚する五人の貴公子、石つくりの御子《みこ》、くるまもち（くらもち）の皇子、左大臣阿倍のみむらじ、大伴のみゆきの大納言《だいなごん》、中納言《ちゅうなごん》いそのかみのまろたりは、七世紀末から八世紀初頭にかけて、ヤマト朝廷の中枢で活躍した実在のモデルがそれぞれあって、このことはすでに江戸時代から指摘されてきたことなのだが、先述の梅澤氏によれば、かぐや姫も実在していた悲劇の女人であった疑いが強いという（『竹取物語と中将姫伝説』三一書房）。かぐや姫は、古代の壮絶な政争に巻き込まれた女人であると同時に、八世紀に滅び去っていった名門一族の恨みを代弁する立場にあったというのである。

カゴメ歌が、どこか寂し気な旋律に聞こえてくるのは、はたしてこの恨みのこもったかぐや姫の話がモチーフになっていたからなのだろうか。

それにしても、なぜカゴメ歌と『竹取物語』には、このようないくつもの接点が見受けられるのであろうか。

ひとつの理由に、『竹取物語』の主人公、かぐや姫が、神がかり的で巫女としての性格を強く印象づけていたことと無縁ではないように思われる。というのも、カゴメ歌というあそびも、一種の神あそびではないかとする説が有力だからである。

以下、しばらくかぐや姫の巫女としての側面と、カゴメ歌の宗教性について考えてみたい。

『竹取物語』には中国で発展した神仙思想が濃厚に満ちあふれているが、その一方で、神道や仏教の影響も受けている。このことは、物語の誕生した平安時代という歴史背景からいって、むしろ当然のことで、日本人の猥雑《わいざつ》な宗教観をよく表している。

これは余談だが、日本固有といわれる神道でさえ、古来雑多な文化、しかもその多くは海外から新たに渡来した文化が習合しているのであって、どこからどこまでが、列島で生まれた独自の宗教観なのかを見極めるのは、非常に難しいといわなければならない。縄文時代以来続く連続した人びとの営みを日本固有の文化と仮に名づけられるならば、確かに神道の基層には固有の日本文化が横たわっているだろうが、弥生以来、この国の宗教観には、着ぶくれするほどの多くの文化が混入している。もちろん、このような貪欲なまでの精神的飢餓意識、あるいは逆に鷹揚《おうよう》さが「日本」そのものなのだが、ここでは、この問題にこれ以上踏み込むことはやめて、話を戻そう。

『竹取物語』をひもといて最初から驚かされるのは、かぐや姫や彼女をめぐる環境のことごとくが、神聖な要素で満ちあふれている、ということなのである。

今は昔、竹取《たけとり》の翁《おきな》といふ者ありけり。野山にまじりて、竹を取りつつ、よろづの事につかひけり。名をばさかきの造《みやつこ》となむいひける

有名な冒頭部分である。

これによれば、かぐや姫を竹から取り出し育てた翁は、竹を取って生業《なりわい》としていたということになる。

すでに触れたように、古来、竹(笹)は神聖な植物とされ、これに携わる人びともまた、神に仕え奉仕する人びとなのだった。その証拠に、竹取の翁が神に近い人であったから、その名を「榊《さかき》」というのである。榊は神事に用いられる木である。

この、神聖なる竹の中から生まれたかぐや姫もまた、聖女であった。翁は根本の光る竹を怪しみ寄ってみると、筒の中が光り、身の丈三寸ばかりの美しいかぐや姫を発見したのであった。

かぐや姫は巫女であった!?

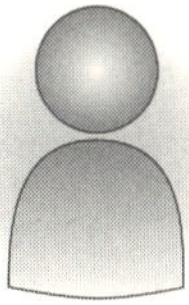

かぐや姫

↓

「巫女《みこ》」とみなす

その理由は？

「竹」から生まれた
＝
神聖な植物

小人であった
＝
神性を表す

光を放った
＝
聖者の証明

名付け親は斎部《いんべ》氏

↓

神道にもっとも近い氏族

光るのは人間ではなく聖者の証である。その証拠に、かぐや姫は翁の家に連れて行かれ、家中に光を照らし続け、翁を長者（金持ち）にしている。また、のちに詳述するが、かぐや姫がはじめ三寸とも、菜種の大きさという小人であったことも、この女人の神性を表し、だからこそ、神の供物を乗せる神聖な籠の中で育てられたのである。そして、その神に近い童女の名付け親は斎部《いんべ》氏であったとあるが、斎部はヤマト朝廷で神道にもっとも近い氏族として名高い。

さらに、翁はかぐや姫を指して、

わが子の仏、変化《へんぐゑ》の人

と呼んでいる。変化とは影向《ようごう》であろう。影向とは、神や仏が人間の姿となってこの世に現れることをいう。事実、かぐや姫は、天皇が入内を強要しようとすると、突如として影になってしまったとするし、また最後には、天の羽衣をまとって天に帰っていく。

天の羽衣は、天皇家最大の神事・大嘗祭のクライマックスで使われる重要な衣で、この衣をまとって、天皇は人間から神に生まれ変わるのである。

その証拠に、『竹取物語』は、

衣著つる人は、心ことになるなりといふ

と、天の羽衣を着れば、かぐや姫は人ではなくなるといっている。

このように、かぐや姫が人の姿となったのは仮の姿で、その実体は神に近い。神に近いということは、別の見方をすれば、かぐや姫を巫女とみなすこともできる。

五人の貴公子たちの誘いをするりとかわし、絶対の権威を持っていた天皇さえ袖にしたのは、かぐや姫が神の妻としての巫女であったからだろう。かぐや姫はどこからどう見ても巫女であり聖女である。

日本各地に残る子どもの神あそび

さて、カゴメ歌の謎を解くために、ここまでかぐや姫の神性にこだわったのは、同じモチーフをもとに生まれたのではないかと疑うカゴメ歌も、そのじつ、神あそびが原形だったといわれているからである。そこで目を転じて、カゴメ歌の宗教性について考えてみたい。

すでに触れたように、柳田国男は、カゴメ歌の「カゴメカゴメ」を、「かがめかがめ」が本来の姿であったと解していたが、これにはそれなりの訳があった。というのも、人の輪の中心に人を置いてかがませるのは、古い神事と密接にかかわっていたからなのである。

では、その神事がどのようなものであったのかは、このあとに述べるが、子どものあそび（といっても、現在のように伝統的あそびがことごとく途絶えてしまってはお話にならないが）には、

遠い大昔の、まだ人間が一般に子供らしかった頃に、まじめにしてゐたことの痕跡があるのである。

と柳田がいうように、神事がそのままあそびになったといわれているのである。

確かに、カゴメ歌も中央でしゃがみ目を両手でおおった鬼が、背後に回り込んだ者の正体を見破らなければならぬわけで、本来ならばわかるはずのないことを言い当てなければならぬのだから、これは一種の神業でありテレパシーあそびといいかえることができるのかもしれない。

そして、カゴメ歌よりも明確な神あそびの痕跡が、地蔵あそびであったと柳田は指摘している。

茨城県にかつてあった地蔵あそびは、子どもが輪をつくり、ぐるぐると回り、その中にひとりの子を目隠しして地蔵の役となり、さらに輪の中のひとりを捕まえて名を当てる。当たると地蔵が交代するという、カゴメ歌とよく似たあそびである。

一方、福島県海岸地方にも別の地蔵あそびがあるが、こちらは、茨城のあそびとは、少し趣を異にしているという。

外側の輪をつくった子らが、「御乗りヤァれ地蔵様」と唱える。つまり、目に見えぬ地蔵様に向かって、この子に乗り移れ、憑依《ひょうい》しろと、なんとも恐ろしい呪文を唱えているのである。

すると、中の子も、次第にその気になって、いろいろなことを口走る。

そこで輪になった子らは、

物教へにござつたか地蔵さま　遊びにござつたか地蔵さま（『こども風土記』柳田国男）

とはやし、みなが歌い、踊り狂ったらしい。まるで「こっくりさん」のようなもので、紛失物なども、こうして探そうとしたこともあったという。

このようなあそびは、もともとこの地方にあった大人のあそびであったことははっきりしていて、柳田は次のようにいう。

それが昔の世にひろく行はれた神の口寄せといふもの丶方式だったので、つまりは子供がその真似をくりかへして、形だけでも、これを最近まで持ち伝へてゐてくれたのであった。

もともと地蔵あそびは神の口寄せであり、それが次第に「うしろあてあそび」へ

カゴメ歌の原形が地蔵あそびなのか？

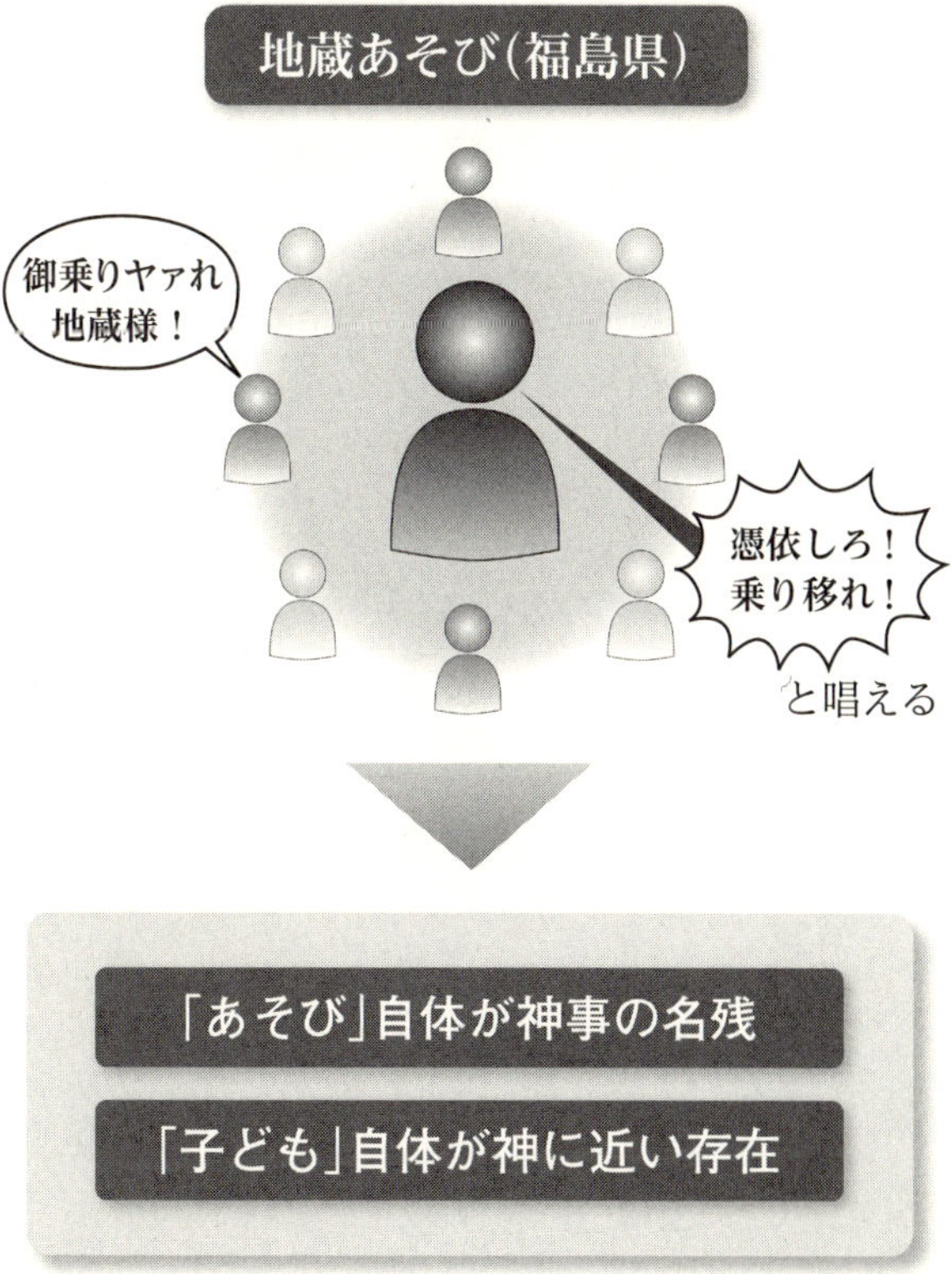

と変化していったとすれば、カゴメ歌も、同様の変化を起こしていた可能性は高く、柳田国男は、だからこそ、「カゴメ・カゴメ」ではなく、「かがめ・かがめ」がもとの形だったのではないかとしているのである。

このような「かがめ・かがめ」説に、筆者は不満を感じるが、カゴメ歌のあそびの中で、中央の子がかがんでいることは事実で、これが神の口寄せの真似であった疑いは強いのである。

そして、ここで確認しておきたいのは、柳田国男が述べるように、子どものあそびには、太古の記憶が残っていることが、そもそも「あそび」自体が、神事の名残であったこと、そして、あそぶ「子ども」自体が神に近いという観念が、古くはあったことなのである。

そこでしばらく、「あそび」と「子ども」について考えておかなくてはならない。

なぜ「あそび」が神事なのか

「あそび」の原義を知る上でよく引き合いに出されるのが、天《あま》の石屋戸《いわやと》神話である。スサノオの狼藉に困憊した太陽神・天照大神《あまてらすおおみかみ》が天の石屋にこもり、世界が真っ暗になってしまったために、神々は相談のうえ、天宇受売命《あめのうずめのみこと》に秘策を授けたのである。

『古事記』には、その様子が次のようにある。

天宇受売命《あめのうずめのみこと》、天の香山の天の日影《ひかげ》を手次《たすき》に繫《か》けて、天の真拆《まさき》を蘰《かづら》と為《し》て、天の香山の小竹葉《ささば》を手草《たぐさ》に結《ゆ》ひて、天《あま》の石屋戸《いはやと》に汗気《うけ》伏せて踏《ふ》み登杼呂許志《とどろこし》、神懸《かむがか》り為《し》て、胸乳《むなち》を掛《か》き出で裳緒《もひも》を番登《ほと》に忍《お》し垂《た》れき。爾に高天の原動《とよ》みて、八百万《やほよろづ》の神共《とも》に咲《わら》ひき

これによれば、天宇受売命は、数々の祭りの小道具を用意して、空の筒を伏せてその上で踏みとどろかせ、神がかりとなって胸もあらわに、裳のひもをホトにおし垂らしたあられもない姿であった。このとき、高天《たかま》の原《はら》の八百万《やおよろず》の神々はおかしくてたまらず、笑いころげたという。

この騒ぎを聞きつけた天照大神は怪しみ、天の石屋戸を少し開いて、外の神々に

問いかけている。

「吾《わ》が隠《こも》り坐《ま》すに因《よ》りて、天の原自《おのづか》ら闇《くら》く、亦葦原中国《またあしはらのなかつくに》も皆闇けむと以為《おも》ふを、何由以《なにのゆゑにか》、天宇受売《あめのうずめ》は楽《あそび》を為《し》、亦八百万《やほよろづ》の神も諸《もろもろ》咲《わら》へる」とのりたまひき。爾に天宇受売白言《まを》しく、「汝命《いましみこと》に益《ま》して貴き神坐《いま》す。故《かれ》、歓喜《よろこ》び咲《わら》ひ楽《あそ》ぶぞ」とまをしき

天照大神は、自分が隠れてしまっているのだから、世の中は、真っ暗であるはずなのに、なぜ天宇受売は「楽《あそび》」をし、また八百万の神も笑っているのか、と問い質しているのである。

これに対し天宇受売は、

「あなたよりも貴い神がいらっしゃいます。それで、みなで喜び、笑い、楽しんでいるのです」

といい、他の神々が鏡を持ち出し、天照大神の姿を映し出したので、天照大神はいよいよ怪しいと思い、石屋戸から少し身を乗り出したところ、隠れていた天手《あまのた》力男《ぢからお》が手を取って引きずり出した。

これが天の石屋戸の神話のあらましである。

さて、天の石屋戸に隠れてしまった天照大神を誘い出すために天宇受売が行った神事を指して、『古事記』は「楽」としている。

これは、「あそび」の根元が歌舞音曲《かぶおんぎょく》であったこと、しかも、この舞って歌うことこそ神事であり、神あそびだったからである。

神の妻で神あそびをする役目の巫女が、後世遊女（遊び女）になっていくのも同様の理由からで、このあたりの事情を、大和岩雄《おおわいわお》氏は、『遊女と天皇』（白水社）の中で、次のように述べている。

『古事記』が、天宇受売命が女陰を出した舞踊を「あそび」と書くように、「あそび」は舞踊だけでなく、性に深くかかわっている。ウズメは歌女・舞女であると共に、遊女なのである。

その通りであろう。さらに、今日にいう「あそび」も、やはり神事とつながりがないわけではない。

「あそび」について、『広辞苑』（第五版・岩波書店）をひいてみると、①あそぶこと。なぐさみ。遊戯。②猟や音楽のなぐさみ。③遊興。特に、酒色や賭博をいう。④あそびめ。うかれめ。遊女。⑤仕事や勉強の合間。

等々、現代的なあそびの解釈と神事とはあまり関係が密ではなく、イメージとしては、むしろ怠惰な音の響きがある。

だが、その一方であそびを、日常から精神を解き放す、非日常に置くものと考えることもできる。実は、この非日常性こそ、あそびと神事の関係を深く結びつけている。

現代人にとっての日常は「労働」で非日常は「休み」であるが、古代人にとって、日常は「労働（ケ）」であっても、非日常は「休み」ではなく「あそび」であり、「ハレ」の行為として神事を意味しているのである。

天の石屋戸から天照大神を誘い出した天宇受売命（あめのうずめのみこと）（三重県伊勢市二見町江、二見興玉神社）

そして、歌舞音曲を中心とする「あそび」は、芸能を生み出し、一方で儀礼へと分化していった。能楽が多くの場合、神事と結びついているのは、このためである。

なぜ子どもは神とみなされたのか

「あそび」の根元が「神あそび」であり、神事であったとなると、なぜ子どもは「あそび」を好むのであろうか。

すでに触れたように、柳田国男は、子どものあそびには太古の記憶が隠されているとしたが、たとえば、子どもに親が買って帰るおみやげも、もとはといえば、神社の御宮笥《おみやけ》であったとして、このおみやげについて、

本来は物詣りの帰りに求めて来るのが主であつて、従つてその種類も限られてをり、大体にお祭に伴ふものばかり、たとへば簡単な仮面とか楽器とか、または神社から出る記念品のやうなものであつたことは、深い意味のあることなのである。

（『柳田国男全集　十二』〈筑摩書房〉）

としているが、このような子どもと神事の近さの根源には、古来、子どもを神の子とみなしてきた宗教観が横たわっている。

ではなぜ子どもが神の子なのか。その理由は、生きとし生けるもの、すべてに神が宿るというアニミズムに隠されている。

古代の日本人は、唯一絶対の神を持たなかったが、路傍の石、山や川、雨や風、ありとあらゆる「物＝モノ」の中に神を見出していた。

したがって、モノは本来物質でありながら、霊的な意味を持ち、神と同義語となったモノノケが化け物、死霊、生き霊、妖怪を意味するのは、こうした理由からである。

また一方で神は人びとに恵みをもたらしたり、逆に天災などの災難を与える存在であった。アニミズムにおける神とは、善でも悪でもなく、大自然や大宇宙そのものであり、畏敬すべきすべてを指し、人間離れをした驚異的なものを神ともみなしていたのである。

したがって、驚異的な生命力ですくすくと成長する子どもは神であり、逆に人間離れした長寿を勝ち取った翁も、また神とみなされたのである。『竹取物語』のかぐや姫がはじめ菜種ほどの大きさで、三ヵ月で成人したとあって、しかもそれを拾い育てたのが翁であったという物語の設定には、深い理由があったことになる。

鬼と童子の持つ神通力

さらにこのことは、昔話に現れる鬼退治説話で、多くの場合、鬼退治に童子が活躍していることとつながりがある。

一寸法師や桃太郎はみな子ども（童子）である。大人が束になってもかなわない鬼を子どもが退治できたのは、童子が鬼に匹敵するほどの力を備えていたと考えられていたためで、童子は神であり鬼でもあった。

鬼と書いてオニと読むようになったのは平安時代以降のことであって、それ以前、鬼は「モノ」と呼ばれていた。すなわち、鬼（モノ）とは、そもそも神そのものであって、後世、オニと呼ばれるまでは、人びとから畏敬の念をもって称えられ

人びとの想像をしのぐ神通力を持っていたといわれる聖徳太子(中央)。右が子の山背大兄王(やましろのおおえのみこ)で、左がその弟の殖栗(えぐり)王と伝えられている。

ていたものである。

なぜ鬼《もの》が鬼《おに》となっていったのかについてはのちに触れるが、神としての童子は、一方で鬼でもあったことになる。

すなわち、鬼に打ち勝つことのできるのは、鬼のような力を持つ童子でなくてはならなかったのである。

このような現象は、中世のおとぎ話だけでなく、『日本書紀』の中にも隠されていて、古代を彩る英傑たちが鬼とみなされ崇拝されていたことがわかる。

たとえば、聖徳太子は今日多くの場で童子姿で祀られているが、これも、太子が人びとの想像をはるかにしのぐ神通力を持っていたことと無縁ではなく、そのことは『日本書紀』が記事にして残している。

用明《ようめい》二年（五八七）七月、仏教導入を促進する蘇我馬子《そがのうまこ》と仏教排斥派の物部守屋《もののべのもりや》は、ついに決戦にのぞむが、このとき聖徳太子は十三歳で蘇我馬子の陣営に入っている。

物部守屋はここで滅亡するのだが、はじめ、蘇我馬子の兵は守屋を攻めきれず、三度退却するありさまであった。このとき、聖徳太子は軍の後方から戦況を見守っていたが、馬子の苦戦をみて、願かけを行う。
霊木《れいぼく》を切って、四天王像《してんのうぞう》を彫り、髪をたぐりあげ、

「もし勝たしていただければ、必ず護世四王《ごせしおう》のために寺を興しましょうぞ」

と誓いを立て兵を進ませると、守屋勢は自ら崩れていった、という。
『日本書紀』はこのときの聖徳太子の髪型「束髪於額《ひさごばな》」にわざわざ言及している。この髪型が古代の童子特有のものであったこと、すなわち大人たちが寄ってたかっても勝てなかったのに、ひとりの童子の神通力が勝利をもたらしたことを強調したいがためである。

カゴメ歌には日本人の宗教観が根ざしていた

この聖徳太子の活躍とそっくりな行動をしていたのが、世に名高いヤマトタケルであった。

ヤマトタケルの父、第十二代景行《けいこう》天皇は、ヤマトタケルの荒々しい性格を恐れ、西方のまつろわぬ者、クマソタケルの征伐に向かわせたのだった。ヤマトタケルは厳重な警備をしくクマソタケルの館に女装してまぎれこみ、だまし討ちにする。

『古事記』は、このときのヤマトタケルを、聖徳太子と同じ童子特有の「束髪於額」であったとし、女装について、「すでに童女の姿と成りて」と、ヤマトタケルが鬼であったことを記録している。

また、『日本書紀』には、クマソタケルを討つに際し、

吾《われ》は是《これ》、大足彦天皇《おほたらしひこのすめらみこと》（景行天皇）の子《みこ》なり。名は日本童男《やまとをぐな》と曰《い》ふ

と、自分は日本を代表する童男《おぐな》（童子《どうじ》）であると名のっている。

これを受けて、クマソタケルは次のようにいう。

吾《われ》は是《これ》、国中《くにのなか》の強力者《ちからびと》なり。是《ここ》を以《も》て、当時《とき》の諸《もろもろ》の人、我が威力《やつかれ》に勝《た》へずして、従《したが》はずといふ者《もの》無し。吾多に威力《やつかれさは》に遇《あ》ひしかども、未《いま》だ皇子《みこ》の若き者《ごとひと》有らず

これによれば、クマソタケルは国中で一番の力持ちで、誰にも負けなかった。ヤマトタケルのような人物にはかつて会ったことはなかった、としている。

すなわち、まつろわぬ鬼クマソタケルに勝てるのは、童子＝鬼としてのヤマトタケルをおいて他にはいなかったのである。

このように、童子が鬼を退治するのは、大人にない神通力を童子が持っていたからで、この力を見て人びとは、童子を神とも鬼とも思ったのである。

今日、神社や寺でお稚児《ちご》さんと呼ばれる児童が重視されるのは、童子を神（鬼）とみなしていた名残なのである。

このように、子どもが神の子とされ、子どもが神あそびをしていた理由を深く追究してみたのは、カゴメ歌の裏側に、太古から続く日本人の宗教観が深く根ざしていた可能性を探りたかったからにほかならない。

伝統的な子どものあそびの中に、意外な側面があったこと、その歌詞の中に籠やら亀やら、いかにも秘密めいた暗示が隠されていたことに、興味を覚えずにはいられなかったのである。

それでは、カゴメ歌はいったいいつ頃まで時代を遡ることができるのか。

そして、なぜこのような不思議な歌詞が生まれたのか、解けぬ謎へ、少しでもヒントは出てくるのであろうか。

第2章　鳥巫女とカゴメ歌の秘密

カゴメ歌発祥の地を探る

文献上カゴメ歌は江戸時代にまで遡るのは確かにしても、それ以前となると、皆目見当がつかない。しかし、これを神あそびであったと仮定すると、その起源が予想以上に古かったことも考えられる。ただ、あらかじめお断りしておくが、カゴメ歌の正体を明解に突き止められるとは思っていない。何かしらの仮説を提起できれば、との思いで話を進めている。

だいたい、カゴメ歌の謎解きなど、とっかかりが少なすぎて、困難な作業になることは、はじめからわかっていた。多くの人びとに声をかけ、情報を集めたが、核心に迫るようなヒントは、なかなか得られず、今度ばかりは往生してしまったものであった。

そんな中で、唯一、ヒントらしいヒントといえば、カゴメ歌には発祥の地と称される場所があったことである。

『新講　わらべ唄風土記』（浅野健二・柳原書店）など、地方別に集めたわらべ唄に関する著書には、カゴメ歌を、千葉県野田市の歌であると記している。問題は、その根拠を明記した史料がまったくなかったことだった。

それにしても、なぜそろいもそろって、みな、千葉県野田市を発祥の地に比定するのだろう。

筆者は、『竹取物語』とカゴメ歌の近さを気に留めていたから、カゴメ歌は、おそらく関西で発生したものと勘ぐっていた。そして、野田発祥説を聞いても、根拠の説明がどこにもないことに不審を感じていた。したがって、野田発祥説に無関心なまま、時間を過ごしてしまった。

しかし、ある時、ひとつのことに思い当たった。ひょっとして、カゴメ歌は、江戸時代のコマーシャルソングだったのではないか。江戸時代にこの歌がどこかの地方に存在していたとしても、この歌を利用し、関東地区、あるいは全国に広め歩いた人びとがいたのではないか、と思い始めたのである。

千葉県野田市といっても、おそらく関西の方にはピンとこないであろうが、江戸時代以降、急激に発展した醬油の町なのである。

まず第一に、この地の東西を、利根川と江戸川という二大河川が通っているが、幕府が江戸に開かれて以来、にわかに脚光を浴びることになった。治水面ではもちろんのことだが、河川を利用した流通を考えた場合、野田の重要性が高まったのである。

そして第二は、この流通の利便さを生かして、一大醤油生産拠点が出現したことなのである。農村から大豆を仕入れ、できあがった商品・醤油を大市場江戸に売りさばくのに、野田は最適の地だった。そしてこの醤油製造業者が、今日のキッコーマンへと続いているのである。

筆者は、野田＝醤油に気づいたとき、キッコーマン（亀甲萬）の亀甲という商標と、カゴメ歌がつながっていたのではないかと疑ったのである。改めて述べるが、カゴメ紋は正六角形、亀甲紋の連続模様である。

すなわち、醤油を売るために、コマーシャルソングとしてカゴメ歌を利用し、だからこそ、カゴメ歌＝野田という定説が生まれたのだろうと、タカをくくったのである。

ところが、野田市役所の社会教育課に問い合わせたところ、私見が邪推《じゃすい》であったことを思い知らされた。電話口に出られた飯塚博和氏は、カゴメ歌＝キッコーマン流布説を、きっぱりと否定されたのである。カゴメ歌野田発祥説には、もっと別の根拠がある、というのである。

千葉県野田市に残された彫刻「籠の中の鳥」の謎

後日、飯塚氏は、カゴメ歌を特集した『野田市報』を送ってくださった。そのコピーには、柳田国男らの民俗学上のカゴメ歌解釈などを紹介した後に、カゴメ歌＝野田発祥説のひとつの根拠として、興味深い記事が載っていたのである。

それは、野田市最古の神社、愛宕《あたご》神社の「籠の中の鳥」という彫刻の話であった。

『写楽絵考』（大和書房）、『アンコール史跡考』（中公文庫）などで知られる作家・宗《そう》谷真爾《やしんじ》氏が『とも』（ふるさと工房）に寄せた随筆で、そこには、「籠の中の鳥」の彫刻の籠が破られ、そのかたわらに、ヤマトタケルがたたずんでいたことに、独自の推理を働かせたのだった。

まず宗谷氏は、愛宕神社の「籠の中の鳥」の見事さに驚かされている。「籠の中の鳥」は、鳥を刻んだ上に、竹カゴの彫刻を貼り付けたものと思い込んでいたら、実は、竹カゴをまず彫り、カゴメのすき間からノミを入れて、鳥を彫り、「カゴ伏せの鳥」を刻んでいたのだ。

宗谷氏はこれを「離れ業」と表現して、次のように述べている。

「ところが、名人芸というべき〈カゴの鳥〉のカゴが、一部こわされているんですよ。心ないヤカラがいるんですね」

教えてくれたのは甥のヨッちゃんである。

宗谷氏はこの事実に、カゴメ歌発祥伝説と何か関係があるのではないかと考えた。

カゴの目が破られていたことが、「いついつ出やる」という歌詞を暗示しているのではないか、とするのである。

そこで宗谷氏は、百年以上前の彫刻の割には保存状態がよく、ほとんど破損がないにもかかわらず、なぜカゴメ歌のカゴだけが壊されているのかを不審に思った。

そして、その可能性を、まず三つに絞ったのである。
（1）単なるイタズラによるもの
（2）清掃のとき誤ってこわした
（3）なにかの目的があって故意にこわした

宗谷氏が消去法でもっとも有力と考えたのは、（3）であった。

彫刻がかなり高いところにあって、ハシゴを使わなければとうてい手の届かない場所であることから、イタズラとは考えづらく、また、清掃で壊れるほど「ヤワ」な彫刻ではないからである。したがって、何かの目的を持って、カゴは意図的に破られたのではないか、としたのである。

では、その目的とは――宗谷氏は、郷土史家の佐藤真氏の次のような指摘に注目したのだった。


神社奉納の唐丸籠（絵馬を含む）の中には〈破れ唐丸〉と称《しょう》し〈罪や悪から逃れる願いやその他をこめた〉民俗行事として、制作過程で既に籠の網目を一部破損させているものがある（後略）。

つまり、佐藤氏は、愛宕神社のカゴも、この破れ唐丸《とうまる》だったのではないかと推理し、さらに、次のように述べている。

〈破れ唐丸〉にかぎれば、鳥は罪または罪人である。とすれば、カゴを破る目的は、つぎの二つの場合が考えられる。

（1）社会的罪悪――自分もしくは家族、縁者などに犯罪者がいて、それを助けるための祈り（呪術）だった。

（2）良心的呵責など。社会的な犯罪でなくても良心の呵責に耐えかねるとき、苦悩にさいなまれているみずからの心を解放させるための祈り（呪術）。

これは、個人的な罪却感と、犯罪にかぎった民間信仰、または呪術であるが、〈鳥〉には、古来から別の、大きな信仰の流れがあったのだ。

ヤマトタケルの彫刻から、ふと連想したのは、タケルの死後、その霊魂が白鳥化して遺体からぬけだし、宙天高く飛び去ったという『古事記』の説話だった。

なぜ彫刻のカゴが破られていたのか？

破れ唐丸

罪や悪から逃れる願いや
その他をこめた民俗行事

カゴを破る目的とは？

(1)社会的罪悪
自分の周囲に犯罪者がいて、それを助けるための祈り

(2)良心的呵責
良心の呵責から逃れるための心を解放させるための祈り

愛宕神社のカゴも同様
破れ唐丸だった

おそらくその源流は、メソポタミアの、人は死ぬと鳥になって空へいくという考えかたにあると思われる。つまり、〈鳥〉はこの場合霊魂を意味しているが、霊魂はヤマトタケルのような善霊のみを意味せず、ときとすると悪鬼悪霊の場合も考えられる。

このように指摘したうえで、宗谷氏は、これら「鳥」をめぐる信仰が、

カゴのなかの鳥は
いついつ出やる

という「かごめかごめ」の一節にもつながってくると考えたのである。

カゴメ歌発祥の地とされる千葉県野田市に残された彫刻「籠の中の鳥」は、白鳥伝説とつながりがあるとする宗谷氏や佐藤氏の指摘は、実に興味深い。

ヤマトタケルとの間になにかしらのつながりがあったとすれば、カゴメ歌は、想像以上に古い因縁をおびていた可能性が出てくるからである。もちろん、歌の発生

がかなり後の世であったとしても、歌の背景には、古代から綿々と続く歴史の闇が横たわっているかもしれないのである。

神社に伝わるヤマトタケル伝承

ただ問題は、なぜ千葉県の野田市に、ヤマトタケルが祀られているのか、ということであろう。

『古事記』によれば、ヤマトタケルはその暴虐な性格を父にうとまれ、西国征伐に遣わされたという。これがすでに触れたクマソタケル征伐で、この後ヤマトタケルは出雲に向かい、この地の首長、イズモタケルを卑怯な手口でだまし討ちにしてしまうのである。

ヤマトにもどったヤマトタケルを待っていたのは、父景行天皇の冷たい仕打ちであった。休む間もなく、また、兵も授けられずに、東国征伐を命ぜられたのである。

ヤマトタケルは東征の途路、倭比売命《やまとひめのみこと》のいる伊勢の大神宮に立ち寄り、ついに本音を漏らしている。

「父は私に死ねというのだろうか。西征を終えて帰ってきたばかりなのに、兵も賜らずにさらに東征に向かかえとは、私の死を望んでいるからではありませんか」

こう言って憂い泣くヤマトタケルに、倭比売命は、神宝草薙《くさなぎ》の剣《つるぎ》と御嚢《みふくろ》を賜り、送り出したのである。

さて、伊勢を出発したヤマトタケルは、尾張《おわり》、焼津《やいづ》、浦賀水道《うらがすいどう》、相模《さがみ》、甲州《こうしゅう》、信州《しんしゅう》、尾張をめぐり、伊吹山《いぶきやま》の神を征伐しようとする。ところが、素手で立ち向かったために、ヤマトタケルは伊吹山の神の毒気に打ちのめされてしまう。

失意のうちに、ヤマトタケルはヤマトを目指す。有名な、

倭《やまと》は　国のまほろば　たたなづく　青垣《あをかき》　山隠《やまご》もれる　倭しうるはし

というヤマトを偲んだ歌は、このとき詠われたものである。

結局、ヤマトタケルはヤマトに帰ることができず、伊勢国鈴鹿《いせのくにすずか》郡（能煩野《のぼの》）で永眠したのである。

御陵が造られ、埋葬されたヤマトタケルであったが、八尋白智鳥《やひろしろちどり》となって飛び去り、河内に着いたという。このため、この地に御陵を造り、白鳥《しらとり》の御陵《みささぎ》と名付けたが、白鳥は再び天に飛んでいってしまったという。

これが、『古事記』の記すヤマトタケル伝承のあらましである。

死して白鳥と化し、天に昇っていったヤマトタケルであれば、カゴメの歌の籠の中の鳥とかすかな接点があったといえるかもしれない。そして、千葉県野田市の愛宕神社の彫刻も、白鳥のイメージを持つヤマトタケルであったからこそ、カゴの中の鳥と結びつけられた疑いが強い。ただ問題は、『古事記』に従う限り、ヤマトタケルと野田市の関係はまったくない、ということなのである。

一方、『日本書紀』には、『古事記』とは異なるヤマトタケルの東国遠征の順路を記している。伊勢を下ったヤマトタケルは、駿河《するが》、焼津、相模、上総《かずさ》、陸奥《むつ》、常陸《ひたち》を経て、甲斐《かい》（甲州）、武蔵《むさし》、上野《こうずけ》、信濃《しなの》、美濃《みの》、尾張、伊勢《いせ》と、ほぼ東国全体を廻っていたとしている。

これに従えば、ヤマトタケルが野田近辺にやってきても何の不思議もなく、また、ヤマトタケルの行動を神社伝承で追った小椋一葉《おぐらかずは》氏は、『天翔る白鳥ヤマトタケル』(河出書房新社)の中で、ヤマトタケルが茨城県の筑波山《つくばさん》から成田方面に抜け、さらに船橋、東京を抜けていったと指摘している。水運をたどってヤマトタケル伝承が響きあい、野田に伝わったことは十分考えられるのである。

神格化されたヤマトタケル

ヤマトタケル説話が神話じみていることから、ヤマトタケルという人物は実在しなかったとする考えが常識となっている。

しかし、そう簡単に伝説を無視することはできない。通説の多くがとるヤマトタケル架空説だけでは、どうにも説明のつかぬ現象が起きてくることからなのである。

『古事記』によれば、ヤマトタケルの后《きさき》や御子《みこ》たちは、ヤマトタケルの死を聞きつけ、ヤマトから伊勢に下り、陵(墓)を造ったという。すると、ヤマトタケルは白鳥となって西の空へ飛んでいってしまったという。そこで、みなで白鳥を追い、小竹の切り株で足を切りながらも、痛みを忘れて泣いて追ったという。このとき、ヤマトタケルの死を悼む歌が四首詠われたのだが、この歌は、代々天皇の御大葬で歌われるようになり、この伝統は、驚くべきことに、近年まで続いていたのである。

天皇家がヤマトタケルの死を悼む歌を重視したのはなぜだろう。もし通説通り、ヤマトタケルが架空の人物なのなら、天皇家はこれらの歌を、これほど大切にしたであろうか。

後に詳述するが、天皇家は神話の世界の出雲神に対し、近代に至るまで異常といえるほどの気づかいを見せ続けた。「出雲は架空」とする通説からは、このような奇妙な天皇家の伝統を説明することはできなかったのだが、考古学の進展によって、どうも出雲地方には、侮れない勢力があって、しかもヤマト建国に重大な影響を及ぼしていたことが次第に明らかになってきた。つまり、天皇家と出雲の真の関係に、脚光が集まり始めているのである。

とすれば、父を責め、ヤマトに帰ることを願ってやまなかったヤマトタケルの執念と恨みは深く、天皇家は皇子の死後、これを無視することができなかったのではないかと疑ってみる必要が出てくる。天皇家にとって、あまり触れられたくない過去であるからこそ、真相は隠され、ヤマトタケルは神格化されてしまったのではないかと思えてならないのである。

根の深い古代の白鳥信仰

ヤマトタケルがいったい何者だったのか、この謎を解くことは、本書の主旨ではないので、これ以上の探求はやめておくが、ここで指摘しておきたいのは、野田の地でヤマトタケルが籠の中に入った鳥とつなげて考えられていたように、ヤマトタケルといえば白鳥を連想するほど両者が強く結ばれていたことなのである。

そして、なぜヤマトタケルが死後白鳥となって西の空に飛んでいったかというと、古代、鳥が人の魂を運ぶ動物として考えられ、篤く信仰されていたからであろう。つまり、白鳥伝説はヤマトタケルにかぎらず、実際には、これ以外にも多くの説話が残されていたのである。

それはなぜかといえば、白鳥が古代の宗教観に与える影響は、想像以上に大きかったからである。したがって、仮に野田とヤマトタケルのつながりが密でないにしても、野田に伝わる鳥と籠の何かしらの説話に、白鳥伝説のヤマトタケルが融合することは何の不思議もないのである。

問題は、鳥に対する信仰が、遠く縄文や弥生時代まで遡ること、そして、鳥と籠が含まれるカゴメ歌も、このような鳥信仰、白鳥信仰と深いかかわりがあったかもしれないことである。

この、日本の鳥信仰は、土着の縄文人の白鳥信仰に、渡来の鳥信仰が混じったと考えられるが、一般的には、弥生時代、海の外から流入した稲作文化の中の鳥信仰に注目が集まっている。

そこでしばらく、古代日本の鳥（白鳥）信仰について考えておきたい。

さて、先ほど、佐藤氏が触れていたように、白鳥信仰は遠くメソポタミアからもたらされたのではないかとする説もある。

『日本書紀』や『古事記』の神話のほとんどが、東アジアだけでなく、インド、中近東、地中海までに及ぶ広大な地域に残された神話をもとにしているのではないかと言われるように、まさにシルクロードは文物の大動脈で、鳥をめぐる信仰が、西アジアから入ってきていても何の不思議もない。

ただ、鳥の信仰は、東南アジアから中国大陸南部、朝鮮半島を経て日本に伝わった稲作文化と強い関係があり、確実な伝播ルートが割り出されている。

もっともわかりやすい例は、神社の鳥居《とりい》である。

鳥居といえば、日本独自の文化遺産と思われがちだが、ルーツは大陸に求められる。そもそも鳥居とは、字にあるとおり、鳥のいる木、正確にいえば鳥形木器をいただく木柱＝鳥竿《とりざお》が元型で、同様の風習は、稲作の伝播ルートに乗って日本にやってきたというのが、現在考えられているもっとも有力な説なのである。

古代日本人を指す「倭人」でさえ、中国大陸南部にいた「倭人」がいくつものルートをたどって、稲作文化とともに日本にやってきたとする説もある。また、神道独自と思われがちな注連縄《しめなわ》でさえ、やはり倭人と同じ足取りで日本に伝わった文化だから、鳥信仰が中国大陸南部からやってきた可能性は、非常に高いのである。

ではなぜ「鳥」は重要視されたのだろうか。稲作という視点に立って、鳥が穀霊《こくれい》（稲霊《いなだま》・稲魂）の運搬者であったという指摘がある。しかし、鳥が運ぶのはもちろん穀霊だけではない。

折口信夫の言葉を借りれば、

鳥殊に水鳥は、霊魂の具象した姿だと信じた事もある。又、其運搬者だとも考へられた。而《しか》も魂の一の寓《やど》りとも思うて居た。（『折口信夫全集　第一巻』中公文庫）

ということになろう。

鳥は自由に空を飛びまわり、人間の死霊を運ぶ能力があると信じられていたのである。ヤマトタケルが死して白鳥になったという説話も、このような信仰と密接な関係にあったに違いない。

出雲の説話に見られる信仰

ところで、この、鳥が死霊を運ぶという古代信仰が、カゴメ歌と妙な形でつながってくる可能性がある。それは、古代出雲で行われていたという独特な埋葬文化、風葬である。

吉田大洋氏は、大国主命《おおくにぬしのみこと》の直系の末裔とされる富氏の伝承を聞き取り、古代出雲の風葬について、次のような興味深い指摘をしている。

出雲人は高貴な人が他界すると、藤と竹で編んだ篭に死体を収め、高い山の常緑樹（主として桧、杉）に吊した。いわゆる〝風葬〟である。三年間が過ぎるとこれを降して洗骨し、山に埋めた。杉がご神木となり、山が神（祖霊）の座す磐座《いわくら》となったのは、こうした背景による。岩石信仰も、山岳信仰も、さらには祖霊の依《よ》り代《しろ》となる門松も、その起源はここに求められる。（中略）三角寛著『サンカの社会』でも、明治七年ごろまでサンカ族の最高葬は風葬であった、としている。（『謎の出雲帝国』徳間書店）

このような出雲の風葬が、文献として確かに残っていないのは気になるところだが、しかし一方で、鳥信仰という視点で見直すと、出雲の風葬の蓋然性は高い。

風葬の原理は何かというと、それは死者の魂を大自然、天に帰すことであろう。そして、目に見える形で、その大役を務めたのは、籠のすき間から死体をつつきに

白鳥伝説はどこから来た?

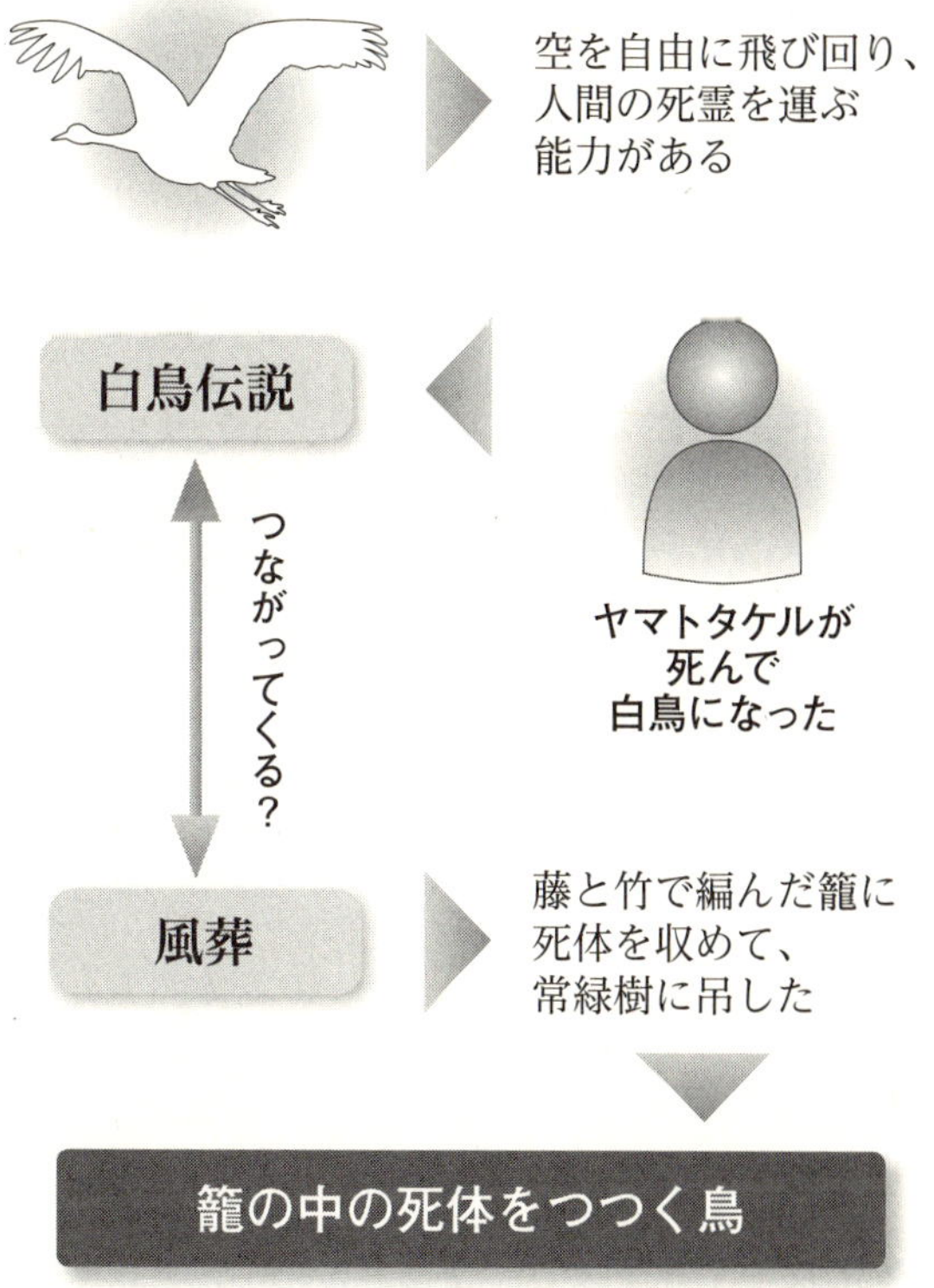

くる鳥であったはずだ。

籠の中の屍をつつく鳥――なにやらカゴメ歌との奇妙な符号を感じる思いである。「籠の中の鳥は、いついつ出やる」の「籠の中の鳥」は、屍の魂でもあり、その魂は、いつ籠から出て天に帰るのか、そうともとれるではないか……。

それはともかく、この鳥にまつわる信仰形態が、出雲をめぐる説話に頻繁に見られることは事実で、このことと出雲の風葬は、見えぬ糸でつながっていたと思われるのである。

その例を二つあげてみよう。どちらも神話の出雲の国譲りと密接な関係にあるから、話は、出雲神話から始めなければならない。

出雲神話を簡単にいうと……

さて、『古事記』によれば、出雲神話のきっかけは、日本列島を生み出したイザナギ、イザナミ二柱の神の不和が遠因である。多くの神々を次々に産み落としたイザナミは、最後に火之迦具土神《ひのかぐつちのかみ》を産み、このときミホトを焼いて病に伏し、帰らぬ人となった。夫のイザナギは、迦具土神の首を切り落とし、妻に会おうと、黄泉《よみ》の国へ向かった。

「二人で作るべき国はまだ完成していないのだから、一緒に帰ろう」

と呼びかけると、イザナミは、

「私はすでにこの国の人となってしまいました。けれども天に帰れるかどうか黄泉《よもつ》神《かみ》に相談して参ります。ですから、その間、けっしてこちらを見てはなりません」

と告げた。

ところが、夫イザナギは、つい待ちきれず、妻の厳命を破ってしまう。するとそこには、うじ虫がたかり、八柱《やばしら》の雷神《いかづちがみ》が群がる醜悪な姿のイザナミがいたのである。恐れをなして逃げるイザナギに対し、イザナミは、

「恥をかかされた」

と、死の穢れのついた予母都志許売《よもつしこめ》を遣わして、これを追わせたのだった。ようやく振り払ったイザナギであったが、今度はイザナミがやってきて、イザナギの前に立ちふさがった。二人は対峙し、絶縁の誓いをする。

「あなたの国の人草《ひとくさ》を、一日に千人殺しましょう」

とイザナミがいうと、イザナギは、

「それでは、私は一日に千五百の産屋を建ててみせましょう」

と返した。

この事件にちなんで、イザナミを名付けて黄泉津大神《よもつおおかみ》というようになったという。そして、二人が別れた黄泉比良坂《よもつひらさか》は、出雲国の東の端にあったという。

さて、この後イザナギは、天照大神《あまてらすおおみかみ》と建速須佐之男命《たけはやすさのおのみこと》（以下スサノオ）という姉弟を生み、天照大神には高天の原《たかまのはら》を、スサノオには海原を統治せよと命じる。ところが、スサノオは八拳須《やつかひげ》（約八十センチの鬚《ひげ》）が胸まで伸びても、命じられた海原を治めず、なお泣き続けていたという。イザナギがその理由を問い質すと、スサノオは、

「私は母のいる国、根の堅州国《ねのかたすくに》（地底の黄泉国か）に行きたくて、泣いているのです」

というので、イザナギは怒って、スサノオを追放させようとした。

ところがスサノオは、姉の天照大神に許しを請おうと、高天の原に昇っていったのだった。スサノオの様子に驚き怪しんだ天照大神に対し、スサノオは、身の潔白

を証明するために、天《あめ》の安《やす》の河《かわ》の誓約《うけい》を行う。十拳剣《とつかのつるぎ》から女子が生まれれば、スサノオの正しさを証明する、というのである。

はたして、剣からは、多紀理毘売《たきりひめ》ら三柱の女神（宗像三神《むなかた》）が生まれ、スサノオは勝《かち》さび（勝ったことを喜ぶ振る舞いをすること）を行った。

ところが、スサノオはここで、調子に乗り、高天の原の田を荒らし、神殿に尿をまき散らし、さらに、大きな神御衣《かむみそ》を織る服屋《はたや》の棟に穴を開けて、天の斑馬《ふちこま》の皮をはいで投げ込んだのである。

怒り心頭に発した天照大神は、ついに天の石屋戸に閉じこもり、先述した天宇《あめのう》受売《ずめ》の登場となる。神々の奇策で石屋戸を出た天照大神は、スサノオを高天の原から追放したのだった。

日本を生んだイザナギとイザナミが、このように絶縁し、天照大神の天孫族《てんそんぞく》（天《あま》津神《つかみ》・天皇家）とスサノオの出雲神（国津神《くにつかみ》）という二つの日本を生んでいたことが、のちのち重要な意味を持ってくるのである。

出雲と鳥の不思議なつながり

ずいぶんと長くなってしまったが、ここまでが、出雲国譲りに至る背景である。この後スサノオは地上界に降りて、出雲を建国する。しかし、スサノオ亡き後、大国主神《おおくにぬしのかみ》（大物主神《おおものぬしのかみ》）らの代になって、地上界を我が物、我が末裔にと願う天照大神は、高御産巣日神《たかみむすひのかみ》（以下タカミムスヒ）らとともに、出雲の神々に対し、国譲りを強要していくのである。

最終的に、出雲は天孫族の要求を受け入れるのだが、この間、鳥にまつわる重要な事件が二つ起きている。天若日子《あめのわかひこ》の死と事代主神《ことしろぬしのかみ》（言代主神）の鳥遊びである。

さて、葦原中国《あしはらのなかつくに》を平定するために、出雲が邪魔になった天津神は、出雲に神を送り込み内部工作を目論むが、ことごとく出雲に同化してしまい、命令に背いてしまった。そこで、切り札として天若日子を送り込んだが、この神も、大国主神の娘・下照比賣《したでるひめ》を娶り、出雲を独り占めしようと、八年間も復奏しなかった。そこでタカミムスヒは、天若日子を殺してしまったのである。

妻下照姫の泣き声が響き渡り、天に届くと、天若日子の父や母、親族がこれを聞きつけ、同様に悲しみ、出雲に降りて、

乃ち其処《そこ》に喪屋《もや》を作りて、河雁《かはかり》を岐佐理持《きさりもち》と為《し》、鷺《さぎ》を掃持《ははきもち》と為《し》、翠鳥《そにどり》を御食人《みけびと》と為、雀《すずめ》を碓女《うすめ》と為、雉《きぎし》を哭女《なきめ》と為、如此《かく》行ひ定めて、日八日夜八夜《ひやかよやよ》を遊びき

すなわち、天若日子の死んだ地に喪屋を建て、河雁（雁）に、死者に供える食物を持たせ、鷺にほうきを持たせ、翠鳥（カワセミ）を御食人（死者に御飯を、食事を与える人）に任じ、雀を碓女（米つき女）とし、雉を哭女（泣き役）として、八日間、歌舞（あそび）を続けた、というのである。

また、同様の記事は、『日本書紀』にも記されている。

なぜ出雲の地では、死者を葬るに際し、鳥がすべてを仕切るように活躍するのだろうか。

出雲と鳥のつながりは、これだけではない。

天若日子の死後、天孫族は、いよいよ出雲乗っ取りにかかる。出雲を支配してい

た大国主神に国譲りを迫ると、大国主神は、子の事代主神に聞いてほしいという。そして、この神が、美保の崎で今、鳥遊びをし、魚を釣っている、というのである。

この事代主神について、『日本書紀』もほぼ同様の記事を載せている。

事代主神《ことしろぬしのかみ》、遊行《ある》きて出雲国の三穂《みほ》の碕《さき》に在《あ》り。釣魚《つり》するを以て楽《わざ》とす。或《ある》いは曰《い》はく、遊鳥《とりのあそび》するを楽《わざ》とすといふ

この事代主神は、後にエビス様としても親しまれ、鯛を抱え、釣り竿を片手にした姿はよく知られている。その姿は、この、美保で釣りをしていたという記事から誕生した疑いが強いが、では、鳥遊びとは、いったい何だろう。そして、なぜここでも、出雲と鳥はつながってくるのだろう。

出雲に伝わる「死んだ魂を運ぶのが鳥」という信仰

出雲と鳥のつながりはどうも偶然ではないらしい。このことは、『日本書紀』垂《すい》仁《にん》天皇二十三年秋九月の条からも明らかであろう。

第十一代垂仁天皇は、ヤマトの始祖王として、神武天皇と同一人物ではないかとされる崇神天皇の子である。

垂仁天皇は度量も大きく、名君の誉れ高かったが、ひとつ悩みがあった。それは、皇后との間に生まれた誉津別王《ほむつわけのみこ》のことであった。

垂仁天皇二十三年の秋九月、天皇は詔の中で、次のように言う。

「誉津別王《ほむつわけのみこ》はすでに三十歳になった。しかし、髭が伸びるほど（八掬髯鬚《やつかひげ》）であるのに子どものように泣き続けていて、言葉も発せないのはなぜなのか。みんなで考えてほしい」

ところが翌月、ある偶然が、息子を豹変させる。空の上を一羽の白鳥が飛んでゆくのを仰ぎ見た皇子は、「是何物《これなにもの》ぞ（あれはなにか）」としゃべったのだった。喜んだ天皇は、さっそくその鳥を捕まえるように命じた。すると、白鳥は出雲で捕らえられ、皇子に献上されたのだった。白鳥と遊んでいるうちに、皇子は物を言うようになったというのである。

白鳥が出雲へ飛んでいったという話、皇子がまるで出雲のスサノオのように、髭の伸びるまで泣きやまなかったという話から、再び出雲と鳥のつながりが見え隠れするのである。

さらに、この話は『古事記』にもあって、こちらでは、息子が言葉を失ってしまったのは、出雲神の祟りだったと明記していて、皇子が直接出雲神を祀って、ようやく祟りは消え、言葉を取り戻した、としている。

この故事からか、『出雲《いずも》の国《くに》の造《みやつこ》の神賀詞《かむよごと》』には、「白鵠《しらみどり》の生御調《いきみつき》の玩物《もてあそびもの》」と、出雲から生きた白鳥を朝廷に献上するのが習わしになっていたらしいことが記録されている。

どうやら、出雲と鳥の関係は極めて強いといわざるを得ない。そして、その理由を探っていけば、風葬と鳥、死んだ魂を運ぶのが鳥という信仰が、出雲地方に根強く残っていたからではあるまいか。

籠に遺体を安置していて、鳥が死霊を運ぶのが出雲の風葬であろう。すなわち、

出雲と鳥信仰のつながり

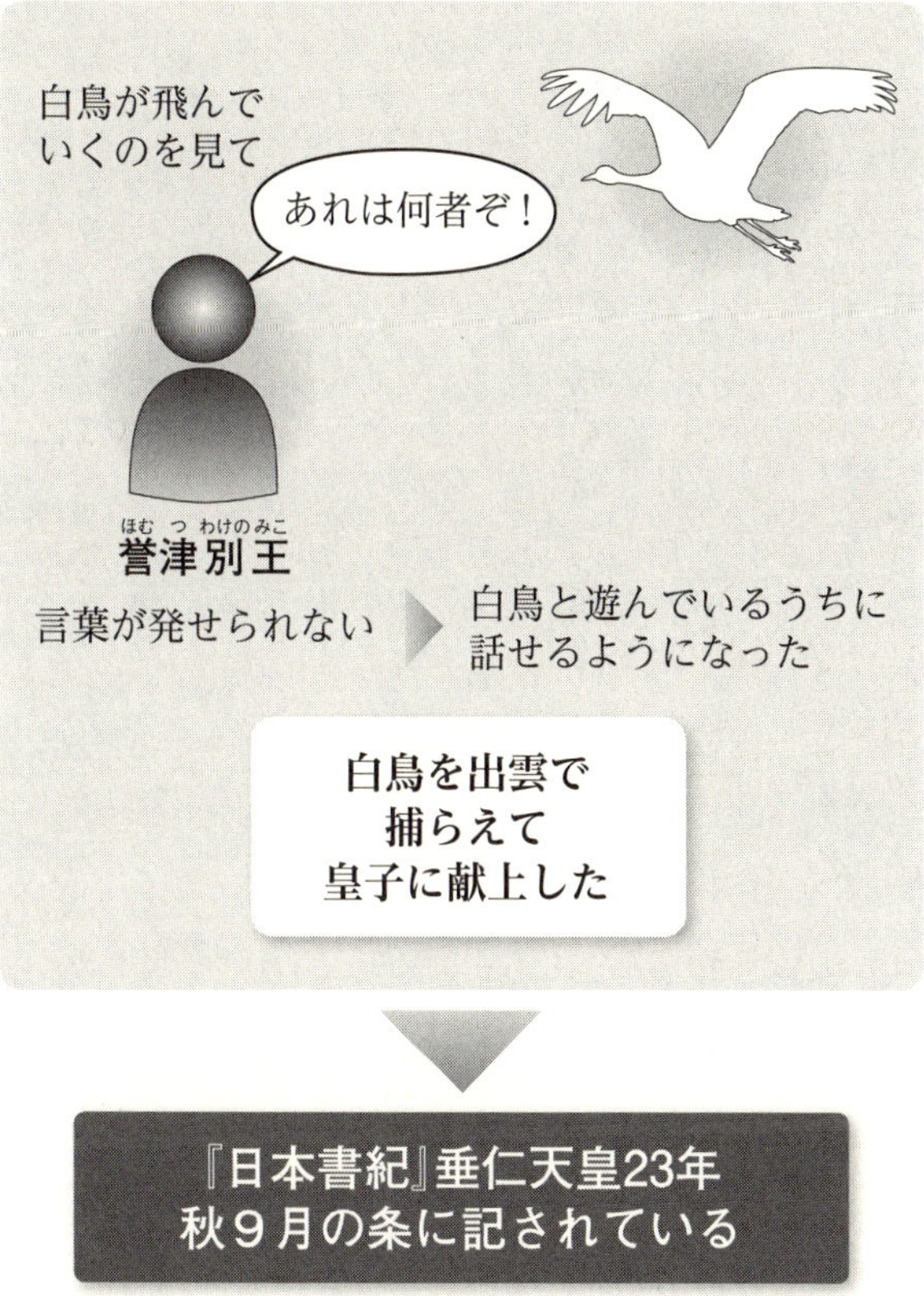

鳥が屍を喰うことで魂を天に運ぶと信じられていたとするならば、カゴメ歌の歌詞と、妙な具合につながってくるのではあるまいか。そして、カゴメ歌発祥の地とされる野田市には、破れた籠とヤマトタケルという、これまた不可思議な彫刻が残っていたのだった。

ヤマトタケルの魂を、天皇家は近年に至るまで恐れ続けてきた気配があった。しかも、後に触れるが、ヤマトタケルは、出雲との間にいくつもの接点が見出せる。明確な答えが得られぬにしても、カゴメ歌と古代史の間には、何かしらの因縁の糸が絡まっていはしまいか。

鳥遊びと結びついた「居ぐせ」の所作

ところで、カゴメ歌と出雲のつながりを考える上で、事代主神が美保で行った鳥の遊びを忘れてはならない。

遊びは本来歌舞であり神事であったことはすでに触れたが、では、鳥遊びとは何かというと、『古事記』（日本古典文学大系・岩波書店）の頭注は、記伝には「野山海川に出て、鳥を狩て遊ぶをいふなり。」とある。或いは鵜などを使って魚を取る意か。

とあるが、要領を得ない。

折口信夫は、事代主神の鳥遊びや、誉津別王が白鳥と接して言葉を発したのも、「水鳥を以て、鎮魂の呪術に使う信仰の印象である」とする。

一方、折口信夫が晩年愛してやまなかった唯一の女弟子・穂積生萩《ほづみなまはぎ》氏は鳥遊びについて、直接私に、次のようにご教示下さった。

すなわち、鳥遊びとは、古い魂を鳥に返し、新たな魂と交替することで、魂をもらうとき、かがむ動作、そのままじっとかがんでいることだという。

この仕草は能楽に受け継がれ、「居ぐせ」という所作に結びついたというのである。

増田正造氏は『能の表現』（中公新書）の中で、

もっともはげしく回転する情念を、舞台に一点を占めて動かない静止の姿で表現する。能の根本にある理念はこれだ。

とした上で、「居ぐせ」について、次のように述べている。

物語を進行させる地謡《じうたい》と囃子《はやし》の圧力に耐え、心の働きだけで劇的表現の軸となっていることは、極度の精神の緊張と、肉体と技術の充実が要求される。なによりつらい仕事だ。もっとも動かずにいることが、もっとも強い表現であるという能の逆説の手法がここにある。相反するふたつの極を、無限の弧のかなたで円に完結させようとするのが、能の特徴ある考え方である。

それは舞台芸術として、まことに危険な賭でもある。内なる心の緊張を保ちうる演者と、外の様式に安易によりかかる演者と。死ぬほど退屈する舞台の多い理由もここにある。

「能の静止は息づいている」とは観世寿夫の「半蔀《はじとみ》」を見たジャン・ルイ・バローの秀句である。

とするが、穂積氏の言に従えば、何もしない「居ぐせ」にも、深い裏付けがあったことになる。

そして、ここで興味深いのは、鳥遊びの仕草「居ぐせ」と、カゴメ歌の鬼のかがんだ姿の重なりである。柳田国男が指摘するように、これが神おろしの神事を真似た疑いが強いことと、鳥遊びの新しい魂を与えられる「居ぐせ」の近さは、決して無関係ではないだろう。

鳥信仰はどこからやってきたのか

それでは、鳥に対する信仰が、なぜ出雲に結びついてゆくのであろうか。鳥に対する信仰は、けっして出雲独自の現象であったわけではなかったはずなのである。

そこで、改めて、鳥の信仰について考えてみたい。

萩原秀三郎氏は『稲と鳥と太陽の道』（大修館書店）の中で、古代中国では、すでに殷《いん》や周《しゅう》の時代、太陽信仰と鳥霊信仰が習合していて、中国のシャーマニズムの原型を形作っていたとされる。

そして、この文化が、中国南部の稲作地帯へと広がり、鳥を重視した文化が、朝鮮半島や日本に伝わったのではないか、とするのである。つまり、この鳥霊信仰は、稲作文化の複合的要素のひとつとして、総合的な民俗の一部として日本に伝わったとして、

稲の道と鳥の道と太陽の道とは重なっていた。

と述べるのである。

この説を裏付けるように、『魏志《ぎし》』倭人伝《わじんでん》によれば、新羅《しらぎ》では、死者の魂を飛ばすために、大きな鳥の羽根で死者を送葬した、とある。中国─朝鮮半島─日本という鳥霊信仰の流れは、確かに存在したであろう。

一方、谷川健一氏は『白鳥伝説』(集英社文庫)の中で、日本の鳥信仰のすべてが渡来文化ではなく、たとえば、今日の東北で濃厚に分布する白鳥信仰は、『古事記』や『日本書紀』よりもはるかに古く、縄文時代に遡ること、そして、弥生時代以降、畿内から伝わった渡来系の白鳥信仰と習合したのだとし、次のように述べてい

る。

それが遠く縄文時代にまでつながると思われるのは、シベリヤのバイカル湖畔に住むブリヤート族の熱烈な白鳥信仰の実態から見て、けっして不自然な類推ではない。

秋の彼岸すぎになると東北の湖沼や川のほとりを一面に埋めつくした白鳥の群。その白鳥を自己の祖先の顕現とみなして、熱狂的な信仰をささげたわが縄文人。その信仰は後代蝦夷に伝えられ、東北に進出してきた物部氏の白鳥信仰と習合し、強化された。

というのである。

大陸北方と南方からの鳥信仰の渡来と習合は、日本文化の流れからいって、まったく不自然ではなく、いずれにせよ、鳥や白鳥を日本中で信仰していた可能性は高い。

たとえば、弥生時代の各地の遺跡から、シャーマンと鳥の強いつながりをうかがわせる遺物がいくつも見つかっている。

鳥に見立てて衣をまとい、頭には羽根を付けたと見られる巫女の姿を土器に刻み、神殿と思われる楼閣の屋根に鳥を描いている。また、墓からは、左胸に鵜《う》を抱くようにして埋葬された女人の人骨等々、弥生時代の巫女と鳥が密接な関係にあった証拠は数多い。また、三世紀後半から六世紀に至る古墳時代を通して鶏型の埴輪が使用されたのは、いかに鶏が重視されていたのかの証にほかならない。

さらに、鳥の中でも鶏信仰を忘れてはならない。

『日本書紀』の天の「天石窟《あまのいわや》」神話の中に、閉じこもったアマテラスを表に引き出すために、「常世《とこよ》の長鳴鳥《ながなきどり》」を集めて互いに長鳴きさせたとある。アマテラスの天の石屋戸こもりに鶏を鳴かせたのはなぜだろう。

鶏は日の出を促すように鳴く鶏であるから太陽神の復活を願ったのであろうし、また、中国では、邪気を払う鳥が鶏であった。

先述の谷川健一氏は、『古代日本人の信仰と祭祀』(大和書房)の中で、鶏には二つの相反する役目があったと指摘している。ひとつは、太陽の再生の連想から、死者の魂の復活を知らせる「生の鳥」で、もうひとつは、死者の魂を運ぶと考えられ

白鳥伝説を裏付ける大鳥神社の白鳥紋(上・東京都目黒区)。白鳥伝説のあるヤマトタケルを祀る三峯神社(埼玉県秩父市・下)。看板の上に白鳥が形取ってある。

ていたことから、死体の置かれた場所を選定するという「死の鳥」である。さらにこの信仰は、いまだに忘れ去られたわけではないとする。

その証拠に、今日でも地方によっては、殺人事件の遺体捜索に鶏（チャボ）がかり出され、鶏の鳴く声で遺体のありかを探り当てようとする例があるとしている。

こうして見てくれば、鳥が古代全般、日本全国で信仰されていたことはほぼ間違いなく、とすれば、なぜ伝承の中で、出雲だけが特異な形で鳥と結びついていたのかという疑問が浮上してくるのである。

天の羽衣を着た天女は白鳥だった!?

出雲と鳥のつながりは、出雲の風葬からきているとも考えられるが、もうひとつ大切なのは、天の羽衣伝承と出雲が、意外な接点を持っていたからではないかと、筆者は疑っているのである。

ただ、このあたりの事情は、かなり複雑なため、順を追って考えてゆかねばならない。

そもそも天の羽衣とはいったい何なのだろう。

『竹取物語』では、かぐや姫は天の羽衣をまとった天女となって天に帰っていく。また、天の羽衣は、大嘗祭で天皇がまとうことで人から神へと生まれ変わる。このように、天の羽衣は人が神や天女となるための必須の条件であるとともに、魂が空を飛ぶための羽根であり、白鳥信仰との接点を想像してみたくなるのである。

またその一方で、天の羽衣伝承には、古代史に影を落とすほどの重大で解きがたい謎が秘められているように思えてならない。それは、伊勢神宮や大嘗祭という、天皇家にとってもっとも大切で秘中の秘とされる神事とも密接に絡んでくるからである。

このような白鳥信仰を連想させる天の羽衣信仰が古代社会でいかに重要な地位を占めていたかは、日本各地に羽衣伝承が伝わっていたことからも明らかであろう。

たとえば、『風土記《ふどき》』には、天の羽衣伝承が、駿河《するが》、近江《おうみ》、丹後《たんご》の三例ある。

そこで、まず駿河国、三保の松原の説話から見ていこう。

古老の伝えるところによると、昔、三保《みほ》の松原に神女《しんにょ》が天から降りてきて、羽衣を松の枝にかけた。漁師が拾ってみると、軽くてなんともいえず軟らかい。織女《たなばたつめ》の衣かと思い、神女が求めても返さなかった。神女は天にもどりたくとももどれず、仕方なく漁師の妻となった。しかしある日、神女は羽衣を取り返し、雲に乗って天に帰って行った。漁師もまた、神女を追って、登仙（仙人となって天に向かうこと）したという。

この一節で興味深いのは、天の羽衣を織女（織女星＝織姫）の衣と称している点である。織女と巫女は、のちに触れるように、強いつながりがあって、天の羽衣が巫女とかかわりのあったことが、ここではっきりしている。

次に、『近江国風土記』逸文、伊香小江《いかごのおうみ》の説話に出現する天の羽衣伝承である。

古老が伝えて言うには、近江の国伊香《いかご》の郡《こおり》、与胡《よご》の郷《さと》の南に、伊香の小江《おうみ》（余呉《よご》湖《こ》）があった。

天の八女《やおとめ》がともに白鳥となって天から降り、小江の南隣の水辺で水浴びをして、このとき、伊香刀美《いかとみ》なる人物が、西の山からはるかに白鳥を見つけ、姿が怪しいと

天の羽衣伝承とは?

天の羽衣

日本各地に伝わる

人間が天女や神となるための道具

かぐや姫

天の羽衣を着て

天に帰る

天皇

大嘗祭

天の羽衣をまとう

神へ生まれ変わる

白鳥信仰を連想させる

思い、神人《かみ》ではないかと疑い、近付いてみると、その通りであった。伊香刀美はこっそりと白い犬を放ち、天の羽衣を盗み取らせ、もっとも年少の天女の衣を隠した。驚いた天女たちは天上に飛んでいったが、件の天女だけは、飛ぶことができなかった。天上への道は永くふさがれ、地民《くにつひと》（地上の人）となった。伊香刀美は天女と夫婦となってこの地に住み、ついに男二人女二人の子を生んだ。のちに、天女は天の羽衣を取り返して天にもどり、伊香刀美ひとり空しく床《とこ》を守り、嘆くことしきりだったという。

この説話で大切なことは、天の羽衣を着た天女を指して、白鳥といっている点にある。白鳥伝説と天の羽衣が密接な関係にあったことは、まず間違いない。天の羽衣を着た天女は、白鳥であり、また巫女でもあることが、これでわかる。

では、各地に伝わった天の羽衣をまとった天女とは、いったい何者なのであろうか。そして、カゴメ歌とのつながりを見出せるのであろうか。

天の羽衣伝承に隠された重要なヒントとは？

そこで、天の羽衣伝承の中で、もっとも有名な、『丹後国風土記』に話を移そう。

丹後の丹波《たんば》の郡（現在の京都府京丹後市）に比治《ひじ》の里があって、この里を見下ろす比治の山頂に井戸があった。あるとき、ここに天女八人が舞い降り、水浴びをしていた。たまたまある老夫婦がこの光景に出くわし、こっそり近付いて、ひとりの天女の羽衣を奪ってしまった。やがて水浴びを終えた天女たちは、衣を着て天に帰っていったが、ひとりだけ恥じて水から出ることもかなわず、取り残されてしまったのである。

老夫が天女に、

「私どもには子がいないので、とどまって子になってくれないか」

と問うと、

「私ひとりだけが取り残されてしまい、もう衣を着ても、あとを追うこともかなわず、こうなってはここに置いていただくほかはありますまい。お約束いたしましょう。ですから、どうか衣をお返しください」

と天女は応じたのである。

これを聞いた老夫婦は、天女が衣を着て、あざむいて天に帰ってしまうのではないかと疑ったが、天上界の人びとは信をもって志とするという天女の言葉を信じ、衣を返したのである。

天女はこうして老夫婦と十年あまりの年月をともに暮らした。その間、彼女は万病に効く不思議な酒を造って老夫婦の家は次第に豊かになってゆく。ところがある日、天女から受けた恩を仇で返すように、老夫婦は天女を家から追い出してしまったのだ。

嘆き悲しむ天女であったが、久しく人間界にとどまったために、天にもどることもできず、さりとて地上界に親しい人もいない。しばらくさまよい歩いたのち、竹《たか》野《の》郡の船木《ふなき》の里の奈具の村（京丹後市）にたどり着いた天女は、村人に、

「ここに来て、ようやくわが心は穏やかになりました」

と言い、この村にとどまることにした。この天女が、いわゆる竹野の郡の奈具の

豊受大神が祀られる日本最大の聖地、伊勢神宮の外宮

社におわします豊宇賀能売命《とようかのめのみこと》(豊受大神《とようけのおおかみ》)だったというのである。

この天の羽衣伝承には、古代史を知る上で、また、カゴメ歌の謎を解くための重要なヒントがいくつも隠されているように思えてならない。というのも、まず第一に、天の羽衣伝承と主人公の天女・豊受大神は正史『日本書紀』からまったく無視されているが、実は、豊受大神こそが、日本最大の聖地で天皇家の神道の拠り所でもある伊勢神宮の外宮《げくう》の主祭神なのである。

つまり、八世紀のヤマト朝廷の正式見解である正史『日本書紀』を読む限り、なぜか日本でもっとも重要な神のひとり、豊受大神の正体がわからないのである。

そして第二に、天の羽衣伝承には、鳥とシャーマンの信仰にまつわる暗示的な要素がいくつも隠されている点である。この点、何やらカゴメ歌と関係がありそうな気がしてならない。

そこでまず、伊勢神宮にまつわる話はのちに触れるとして、天の羽衣と鳥のシャーマンの関係について考えてみたい。

水と鳥と巫女の不思議なつながり

『丹後国風土記』逸文によれば、はじめ豊受大神は他の七人の天女とともに比治山の頂《いただき》の井（真名井《まない》）に水浴びにやってきたとある。不思議なことに、鳥（羽衣）と水と巫女とは、強いつながりがある。

その例をいくつか挙げてみよう。

出雲国譲りの直前の天若日子の死の場面で、下照姫《したでるひめ》が鳥たちの手で葬儀をしたことにすでに触れたが、このあと、少し厄介な事件が起きている。下照姫の兄・アジシ（ス）キタカヒコネが、死んだ天若日子と生き写しであったために、天若日子と勘違いされる。

アジシキタカヒコネはこれを不快に思い、飛び去っていくのだが、このとき下照姫は、兄の名を人びとに知らせようと、次のように歌っている。

天《あめ》なるや　弟棚機《おとたなばた》の　項《うな》がせる　玉の御統《みすまる》　御統に　穴玉はや　み谷　二渡《ふた》ら

す　阿治志貴高日子根《あじしきたかひこね》の神ぞ

大意は次のようなものである。天のうら若い機織女がかけている首飾りの玉、穴玉よ、ああ、谷を二つに渡って照り輝ける雷神・アジシキタカヒコネぞ――

歌の意味と前後の話には脈絡がないのだが、折口信夫は、「たなばた」の「たな」を、水中に造り出してある「たな」（縁側）を意味しているとして、この「たな」の中で女性が機を織っているのは、神のように遠い人が来て水辺でみそぎをさせて結婚するのを待っている様を表している、としているが、はたしてどうであろう。

水辺に女性がいて、来訪する尊い男性に「みそぎ」をすすめている話は、やはり神話の中に例が見出せる。

『日本書紀』神代九段一書第六には、次のような話がある。

出雲の国譲りののち、邪魔者たちを追い払った天孫族は、天照大神の孫・ニニギを日向に降臨させる。その後、吾田《あた》の笠狭《かささ》の御碕《みさき》（薩摩半島から突き出た小さな半島）に行幸したときのこと、海辺の大きな神殿の上で機を織る少女を見つける。大山祇神《おおやまつみのかみ》の娘たちで、姉の磐長姫《いわながひめ》と妹の木花開耶姫《このはなのさくやひめ》であった。

これが、水辺で尊い人を待つ機織の巫女の典型的な例だが、この機織の巫女が鳥とかかわってくるのが、仁徳天皇四十年春二月の条である。

腹違いの妹・雌鳥皇女《めとりのひめみこ》を妃にしたいと願った仁徳天皇は、やはり異母兄弟の隼別皇子《はやぶさわけのみこ》を差し向けるが、こともあろうに、皇子が雌鳥皇女を妻にしてしまった。何も知らない天皇は、こののち自ら皇女のもとに出向くのだが、このとき、皇女のために機を織る女人の詠った歌が、次の一首である。

ひさかたの　天金機《あめかなばた》　雌鳥《めとり》が　織《お》る金機《かなばた》　隼別《はやぶさわけ》の　御襲料《みおすひがね》

（大意）空を飛ぶ雌鳥が織る金機は、隼別の王の御襲料です（日本古典文学大系『日本書紀』岩波書店）

これを聞いて、天皇は、隼別皇子の裏切りを知ることとなる。こののち、隼別皇子と雌鳥皇女は伊勢神宮に逃れようとするが、追っ手に殺されてしまうのである。

それはともかく、この説話の中では、雌鳥が織る機と、機織と鳥の巫女の関係を示している。

水と鳥と機織はこのように関係が密であるが、このような信仰形態の名残が、のちに「鶴の恩返し」などの民話となっていったのだろうし、天の羽衣信仰を考える上でも、重要な意味を持っていたことは間違いあるまい。

水辺で機を織る行為が象徴していたものは？

それにしても、なぜ水辺で機を織る女人が巫女なのであろうか。折口説は残念ながら、根源的な説明を怠っているように思えてならない。

一方、水辺の機織に明解な答えを出したのは吉野裕子氏で、その著書『大嘗祭』（弘文堂）の中で、『漢書』などの中国文献から、次のような内容の事情を突きとめている。

すなわち、周の時代の中国では、天子の宗廟《そうびょう》を祀るために、官営の桑畑を都の北方に造り、后妃《こうひ》は多くの女官たちを使って蚕を飼い、絹糸をとり、蚕室で衣を織ったという。この蚕室と桑畑が都の北方に造られたのは、方位の北が、陰・女を表し、婦人の純陰を尊んだからだとしたうえで、次のように述べている。

古代中国においては、宗廟に衣服を献ずることが非常に重視されていたことが推測できる。

中国人の考えによれば、耕は男子、織は女子に属した。そこでこの織に属する一連のことは、すべて陰陽二元の中、陰として捉えられたのである。公営の桑園は北郊に営まれ、蚕室は川の畔に置かれたが、北も川もすべて五行の水気に還元され、火の陽に対し、水は陰で女を象徴する。

耕と織は、要するに衣食であって、共に人間生活に必要不可欠である。そこでそれが神祭に持込まれていることは明らかである。

しかし耕と織が祭りにおいて重視されたのは、それ以上に、耕が男子、つまり陽に属し、織が女子、つまり陰に属するからである。

すなわち、織という行為や水という状況が、女・陰を象徴していたのであり、太陽神（陽）を祀る巫女《みこ》（陰）は、神のための衣を織っていたことがわかるのである。

そして、天の羽衣伝承も、単なる地方伝承ではなく、古代信仰の確かな裏付けのあったことがわかるのである。

古代からの基層文化がカゴメ歌の背景になった

天の羽衣伝承が日本各地に伝わり残ったのは、その下地に、水と鳥と巫女という信仰形態が存在したからに違いないが、このような古代からの基層文化が、カゴメ歌となっていつしか、世に出たのではないかと思えてくるのである。

というのも、天の羽衣伝承をたどっていくと、カゴメ歌が奇妙な形で重なってくるからで、長々と古代信仰、水と鳥と巫女の関係を考えてきたのは、天の羽衣伝承とカゴメ歌の接点について述べたかったからである。

たとえば、天の羽衣伝承発祥の地として最有力候補は、丹後半島なのだが、その付け根の天橋立《あまのはしだて》の近くに籠神社《このじんじゃ》があって、豊受大神を祀っている。羽衣をまとい、白鳥のイメージの豊受大神が、籠《かご》の神社に祀られていることは、なんとも奇遇といえよう。しかもこののち、籠神社の伝承は、いよいよカゴメ歌そのものとなってくるのである。

　そもそも、籠神社は、豊受大神が伊勢神宮に祀られる以前、もっとも早い段階で豊受大神を祀っていたことから、元伊勢とも呼ばれるが、では、なぜ豊受大神を祀る神社の名に「カゴ」がつくのかというと、これにはしっかりとした理由がありそうだ。たとえば、籠神社は、豊受大神にまつわる籠（籠目）や亀甲に深いこだわりを持っている。『丹後一宮籠神社縁起《たんごいちのみやこのじんじゃえんぎ》』には、豊受大神にかかわる、おおよそ次のような伝承が残されている。

　神代の昔のこと、この地にひとりの翁がいた。名を塩土翁《しおつつのおじ》（この人物についてはのちに詳述する）といった。

　この地に、あるとき八人の天女が清流で水浴びをしようと舞い降りてきた。清流は粉河《こがわ》という。天女たちがこの水を使って酒を造り、水の色がキラキラして粉のようだったからだ。

　翁はその様子を見て、天の羽衣を奪ったところ、ひとりの天女が帰ることができなくなって、翁の妻となり、酒を造って暮らすようになった。伊勢の酒殿明神《さかどみょうじん》は、この丹後から勧請したもので、すなわち、この地が日本酒の根本であるという（それはともかく)。

この天女に関しては口伝があって、虚空につねに浮いて(原文―飛行)いるときに、まるで鳥籠より光を放っているがごとくであったという。また、籠より光を放っているから、籠宮と名付けたともいう。

さらに縁起は、次のようにも記録している。

天女、豊受大神がはじめてこの世に姿を現したのは、天橋立の松の梢の上で、その形は大きな籠のようであった。

また、奇妙な話もある。

一念《いちねん》ヶ淵《ぶち》という場所があって、ここの祭壇は竜宮城への入り口であったという。あるとき、「水練の上手(泳ぎの達者な者)」が海に入り、思わずこの祭壇を拝んでしまったところ、この男は、海神の住む竜宮城へ行ってしまったのだという。

白鳥のイメージの豊受大神が祀られる籠神社（京都府宮津市）

あってはならないふたりの太陽神

さて、このような籠神社の伝承が中世に誕生したからといって軽々しく扱うべきではないことは、水と鳥と巫女という古代より続く信仰の痕跡が残されていることからも明らかである。

籠神社は、国宝「海部《あまべ》氏系図」を神宝とし、天皇家にはない独自の伝承を守り続けた神社として知られ、また、のちに触れるように、海部氏と周辺の氏族は、八世紀の『日本書紀』編纂《へんさん》とほぼ同時に没落していった者どもで、その末裔が神社や伝承を守り続けたことから、正史から抹殺された歴史の真実を、おとぎ話や神話に仕立てて後世に残そうとした疑いも拭いきれないのである。

各地の神社仏閣の縁起書や、あるいは民間の説話が中世に噴き出したのは、古代社会の中で敗れ去った者どもの恨みが、貴族社会の没落と共に堰を切ったようにあふれ出たこともひとつの原因であった。一見して荒唐無稽《こうとうむけい》と思える伝説の裏側にも、思わぬ拾い物が残っているものである。この籠神社の伝承も、その中のひとつだったのではあるまいか。

まず指摘しておかなくてはならないのは、籠神社に残る天の羽衣伝承では、衣を奪う者の名が塩土翁（塩土老翁）と特定されていることである。

この人物は、『日本書紀』の中で頻出し、天孫族や神武《じんむ》天皇の道案内などを務めるが、のちのち重要な意味を持ってくるので、覚えておいて頂きたい。

そして、次に注目すべき点は、天女＝豊受が空に浮いていたとき、まるで鳥籠から光を放っていたようだった、ということである。このことから、羽衣をまとった天女＝豊受が、まさに鳥のイメージであったことがわかる。豊受は、明らかに鳥巫女である。

そして問題は、鳥巫女が光を放ち、それはまるで鳥籠のようであったとも、大きな籠のようであったともいう。そして、縁起にはないが、この伝承から地元の人びとは、この神社を指して、籠守《こもり》明神とも籠大明神とも呼んだ、というのである。

では、いったい、この伝承は何を意味しているのだろうか。

ここで思い出されるのは、髭籠《ひげこ》のことである。

編んだ籠と、その編み残しの髭、これを「ひげこ」と呼び、古代の人びとは木に吊し、神の依《よ》り代《しろ》にしたという。折口信夫は、このひげこを「ひのこ」と解し、太陽神そのものと考えたが、本来は、太陽神の入る依り代であろう。

とすれば、ここに現れる天女＝豊受は、太陽神を祀る巫女であろうとも、太陽神としての性格を持っていた、ということになるのではあるまいか。

この事実がいかにゆゆしき問題かといえば、のちに豊受が伊勢の外宮に移され、内宮の天照大神と共に祀られているのだから、伊勢神宮には、ふたりの太陽神が存在していたことになってしまうのである。

あるいは、正史『日本書紀』が、伊勢神宮に祀られる神でありながら豊受を無視してしまったのは、ふたりの太陽神という歴史の歪みを、後世に残すことができなかったからかもしれない。そして、太陽神としての豊受大神を抹殺せざるをえなかったのなら、その裏側に、歴史がひっくり返りかねない重大な真実が秘められていた可能性がある。

興味深いのは、豊受が太陽神の要素を持っていたとしても、本質的には太陽神を祀る巫女であったことは動かないことで、また一方で天照大神も、太陽神でありながら太陽神を祀る巫女であったことである。

　また、伊勢神宮の豊受大神が、内宮の太陽神・天照大神に食事を供する巫女の性格を有しているのに対し、天皇家の祖神・天照大神は、『日本書紀』の神話の中で、はじめ大日孁貴尊《おおひるめのむちのみこと》という名で登場し、これが太陽神ではなく、太陽神を祀る巫女を意味していたことにある。

　大日孁貴尊の孁は一字で巫女の意味であり、つまり、大日孁貴尊を分解すると、大日巫女《おおひみこ》となり、この記述から、天照大神は邪馬台国の卑弥呼《ひみこ》＝日巫女だったのではないか、ともいわれる。

　さらに、天照大神が太陽神ではなく太陽神を祀る巫女であったことを、『日本書紀』はもう一ヵ所で認めている節がある。それは、天上界（高天が原）でスサノオが天照大神に狼藉を働いたときのこと、『日本書紀』は、このとき天照大神が、

> 又《また》天照大神の、方《みざかり》に神衣《かむみそ》を織《お》りつつ

と、この女人が神衣（神の召す衣）を織っていたと明言している。

神衣を織るのは純陰の巫女の役目であり、太陽神のそれではない。太陽神はこの

神衣を着る側にいなければならないはずなのである。

とすれば、伊勢神宮には、内宮と外宮に、それぞれ機織の巫女が祀られているけれども、肝心な真に祀られる側の神が存在しないことになる。ふたりは太陽神なのか、それとも巫女なのか、深い謎を残すのである。

浦島太郎は正史が認めた実在の人物だった

さて、何やら籠神社の豊受大神伝承には、日本史の根本を揺るがしかねない秘密のありかを感じさせるが、一方で、カゴメ歌という視点から見ても興味が尽きない。

天女＝豊受が天から降りてきて空中にあったとき、その姿は鳥籠のようであったという。すなわち、豊受が籠と籠の中の鳥であったとすれば、それはまるで、カゴメ歌の歌詞そのものではあるまいか。しかも、ここから先、豊受大神の周囲には、ご丁寧にも亀まで登場してくるのである。

すでに触れたように、籠神社の縁起の中には、竜宮城が登場し、まるで浦島太郎伝説ではないかと思わせる記述があった。水練《すいれん》の達者な男が迷い込んでしまった、というのである。この話は、まさに浦島太郎と瓜二つで、とすれば、その伝承の中に、カゴメ歌のもうひとつの主人公である亀が潜んでいるのではないかと思えてくる。

そこで、今度は、浦島太郎について考えてみたいのである。

浦島太郎といえば、何の裏付けもない民間伝承と思われがちだが、実際にはかなり深い背景が横たわっている。第一、浦島太郎は、正史が認めた実在の人物なのである。

『日本書紀』雄略二十二年七月の条には、次のようにある。

秋七月に、丹波国《たにはのくに》の余社郡《よざのこほり》の管川《つつかは》の人、瑞江浦島子《みづのえのうらしまのこ》、舟《ふね》に乗《の》りて釣《つり》す。遂《つひ》に大亀《かめ》を得《え》たり。便《たちまち》に女《をとめ》に化為《な》る。是に、浦島子《うらしまのこ》、感《たけ》りて婦《め》にす。相逐《あひしたが》ひて海《うみ》に入《い》る。蓬萊山《とこよのくに》に到《いた》りて、仙衆《ひじり》を歴《めぐ》り観《み》る。語《こと》は、別巻《ことまき》に在《あ》り。

これによれば、丹波国余社郡（京都府宮津市）の瑞（水）の江の浦島子なる人物が、舟に乗って釣りをしていた。すると大きな亀を得て、この亀が女人に化けた。浦島子はこれを妻として海に入った。蓬萊山に辿り着き、仙人たちと巡り会った。詳しいことは別巻に記してある、というのである。

浦島太郎が、はじめ浦島子と呼ばれていたことは意外だが、ここで興味をひかれるのは、『日本書紀』の浦島に対する特別待遇である。詳しい話をわざわざ別巻をつくって用意した、という。もちろん、この別巻は現存しないし、過去に実在したかどうかも定かではないのだが……。ただ、浦島太郎問題が、古代人にとってゆゆしき問題であったらしいことは、『日本書紀』ばかりでなく、『万葉集』や『風土記』までが、この人物を扱っていることからもわかる。

その中でも、『丹後国風土記』は、地元の伝承をかなり詳しく紹介している。

それによれば、浦島は与謝《よさ》郡日置《ひおき》里の筒川《つつがわ》村（現在の宮津市）の出身で、この地の日下部首《くさかべのおびと》が始祖と仰いだ人であった。人となり容姿抜群で、風流であったとし、この地のもとの宰《みこともち》（国守）、伊預部馬養連《いよべのうまかいのむらじ》が記録した、という。

『丹後国風土記』が詳しく語る浦島太郎

それでは、丹波の地で浦島伝説は、どのようにして語り継がれてきたのであろうか。『丹後国風土記』逸文の続きを、訳して読み直してみたい。

さて、物語は、「長谷《はつせ》の朝倉《あさくら》の宮に御《あめのしたしろ》宇しめしし天皇《すめらみこと》の御世《みよ》」、つまり、雄略天皇の時代（五世紀後期）のことという前提で始まる。

浦島はひとり小船に乗って海で釣りをしていて、三日三晩ののち、五色の亀を得たのだった。浦島はこれを怪しみ、船の中においてそのまま寝入ると、亀はたちまち女人となった。その姿の美しさは類のないものであった。

浦島は思わず尋ねた。人里はるかかなたのこの海原で、どうしてやってこられたのか、と。女人は微笑んで、

「風流で雅な方がひとり海に浮かんでいる様を見て、親しく語り合いたいという思いにかられ、風雲に乗ってやってきました」

と言った。浦島は、

「風雲はどこからやってくるのでしょう」

と聞くので、女人は、

「天上の仙《ひじり》の家です。このことは疑ってほしくありません。語り合い、愛しんでくださいませ」

と言うと、浦島は女人が神女であることを知って、慎み恐れ、またその一方で、半ば疑わしいとも思ったのだった。と、女人は浦島の心の内を察したのか、

「私の心は、あなたと固く長く契ろうと思うのみです。ただ、あなたがどう思われるのか、それを知りたいです」

と言うので、浦島は、

「もう何も言いません。なぜあなたを愛せずにおられましょう」

と言う。女人は、

「さあ、蓬莱山へ行きましょう」

と誘うので、浦島がついていこうとすると、女人は浦島の目を閉じさせ、あっという間に海の中の広く大きな島に着いたのだった。その地面は、まるで玉を敷き詰めたようで、城門は天を覆うように高く、御殿は輝き、いままで見たことも聞いた

ともない見事さであった。

ふたりが手を携えて行くと、ひとつの大きな門について、「ここでお待ちください」と女人はそう言い残して館に入ると、中から七人の童子が現れ、「この方は亀《かめ》比《ひ》売《め》の夫です」と語り合っている。また、八人の別の童子が来て、「この方は亀比売の夫です」と言う。

浦島は、はじめてかの女人が亀比売という名であることを知ったのだった。女人が出てきたので浦島が童子の話をすると、女人は、

「七人の童子は昴星《すばる》（二十八宿の星のひとつ。七つの星）で、八人の童子は畢星《あめふり》（やはり二十八宿のひとつ。八つの星）ですので、怪しまれませぬよう」

と言って、浦島を館の中に導いた。女人の父母が迎え、礼拝して座に着くと、ここで人間界と仙都《とこよ》の世界の違いを語り、人と神が偶然にも出会えたことを喜び、談笑した。食べきれないほどのご馳走が振る舞われ、兄弟姉妹が酒杯を交わし、近隣の者も加わった。神仙の歌、神仙の舞は清らかで妖艶で、人の世のそれとは比べものにならなかった。

浦島は日の暮れたことに気づかず、黄昏《たそが》れて、列席した人びとがようようと引き

上げ、やがて女人ひとりが残った。肩を並べ、袖を交え、「夫婦之理《みとのまぐはひ》を成した」とある。

やがて浦島は、故郷を忘れ、仙都で遊ぶことすでに三年を経ていた。故郷や両親をなつかしく思い、悲嘆に暮れたのだった。

乙女が不審に思い、浦島に問い質すと、

「心の弱い者は故郷を恋しがり、死期を悟った狐は生まれ育った巣穴のある丘をめざすというではありませんか。私はいままでこれを嘘と思ってきましたが、本当にその通りだと実感しているのです」

といった。すると乙女は涙を流し、

「私の思いは、金や石のように固く、いつまでも一緒にいようと契ったのに、なぜ故郷を思い、わずかの間に私を捨てようとするのでしょう」

といったが、浦島の決意は固かった。

乙女は玉匣《たまくしげ》（玉手箱）を浦島に授けて、

「もし私を忘れずに再びもどってきたいと思われるならば、ゆめゆめこの玉匣を開けてみてはなりません」

という。やがてふたりは別々の船に乗り、乙女は浦島に目を閉じさせた。気づけば、浦島はもとの筒川の郷にいた。あたりを見渡してみると、人や風物はすっかり変わっていて、人の話では浦島なる人が三百年も前に海で遊び、そのまま帰ってこないという。

それを聞いた浦島は、魂を抜かれたように歩き回ったが、ひとりとして知人に出会えなかった。十日がすぎたある日、浦島はつい乙女がなつかしくなって、約束を忘れて玉匣を開けてしまった。するとどうだろう、若々しくて美しかった浦島の姿は、風雲と共に空に消え失せ、たちまちにして老人のようになってしまったのである。もう二度と乙女に会えぬことを悟った浦島は、思わず仙都を振り返り、むせび泣いたのだった。

このあと『風土記』には、浦島をめぐる何首もの歌を挙げているが省略する。ずいぶんと長くなってしまったが、これが『丹後国風土記』逸文の内容である。今日に伝わる浦島伝承とほとんど変わりがないことに気づかされるが、浦島をめぐる謎は、時空を超えて、あらゆる場面で類似の話となって語り継がれているところである。なぜか人びとは、浦島について、黙っていられなかったようなのだ。

籠神社に伝わるもうひとつの伝承とは？

なんとも奇怪な事件は、初代神武天皇が九州からヤマトに向かう途路、速吸門《はやすいのと》（豊予《ほうよ》海峡）で起きていた。『古事記』によれば、釣り竿を持った人が亀に乗って、羽ばたくようにしてやってきたというのである。

神武天皇はこれを呼び寄せて名を問うと「国つ神ぞ」と応えた。海路をよく知っているということなので、先導役として仕えた、という。

亀に乗った釣り人が浦島そっくりであるということは改めて述べることでもないが、なぜ神武東征＝ヤマト建国という大事な場面に、浦島もどきが現れたのであろうか。

さらに、浦島そっくりな話は、『日本書紀』の神話の世界にも存在する。有名な海幸山幸《うみさちやまさち》神話がそれである。

海幸山幸神話は、出雲の国譲りののち、天孫降臨をはたしたニニギのふたりの子、兄の火照命《ほでりのみこと》と弟の火遠理命《ほおりのみこと》の話で、兄が海幸彦《うみさちひこ》、弟が山幸彦《やまさちひこ》である。名にあるように、兄は海の、弟は山の幸を得る霊力を持っていた。

あるとき、ためしに互いの幸（獲物を取る道具）を交換しようということになったが、どちらも獲物を取ることはできなかった。そればかりか、弟の山幸彦は兄の大切な釣り針を失ってしまったのである。

代わりの釣り針を作って渡しても兄は納得しない。山幸は憂い苦しみ海辺をさまよった。すると、そこに塩土老翁《しおつつのおじ》なる人物が現れ、「良い考えがある」と言い、山幸彦を籠の中に入れて海に導いた。すると、そこには、美しい浜と海神《わたつみのかみ》の宮が出現したのである。

門の前に井戸とカツラの木があって、そのあたりを歩き回っていると、ひとりの美女・豊玉姫《とよたまひめ》が現れ、ふたりは恋に落ち、結婚する。山幸彦は海神の宮に三年留まり、楽しい暮らしが続くが、やがて故郷が恋しくなった山幸彦に海神は、山幸彦のなくした釣り針を差し出し、潮満瓊《しおみちのたま》と潮涸瓊《しおひのたま》を授け、兄・海幸彦をこらしめる呪術を授けて地上に帰る許しを与えた。

こうして山幸彦は地上に戻り、二つの瓊の呪術で兄をこらしめた。このとき豊玉姫は身籠もっていて、海辺で産み落とすのだが、見てはいけないという産屋を山幸彦が見てしまったために、ふたりに破局が訪れる。このあと、山幸彦は間もなく死んでしまう。

ちなみに、豊玉姫の腹から生まれた子は、神武天皇の父にあたる。

さて、こうしてみてくると、天孫族＝天皇家がヤマトに移る直前に、浦島伝説とよく似た事件が起きていたことは確かだ。これは偶然なのか、あるいは、何か深い理由が隠されていたのであろうか。

ところで、浦島伝説の広がりという点にひと言付け足しておかなければならないのは、丹後半島の籠神社《このじんじゃ》と浦島太郎の関係である。

籠神社が現在、豊受大神の元伊勢よりも、浦島伝説の発祥の地として知られているのは、豊受大神といっても観光客にはぴんとこないからで、客を集めるには浦島太郎の方が名が通っているからなのはいうまでもない。

すでに触れたように、籠神社の古伝承の中心に位置するのは豊受大神で、その伝承の片隅に、浦島らしき人物が水練の達者な者として触れられているにすぎない。

しかし、『丹後国一宮籠神社縁起』を注意深く読むと、この神社が、もうひとりの浦島、あるいは本物の浦島との強いつながりをみせていることに気づかされるのである。それは、縁起の冒頭に出現し、巫女＝豊受大神の夫になったという塩土《しおつつの》老翁《おじ》なる人物のことである。

『日本書紀』に登場する不思議な人物とは？

塩土老翁は正史『日本書紀』にたびたび登場する不思議な謎を秘めた人物であり、先述した山幸彦を海神の宮へ連れて行くのがこの人物であった。

さらにこの人物は、初代神武天皇がまだ九州の日向《ひむか》にいたころ、東のかなたに国の中心となる土地ヤマトのあることを神武に教え、東征のきっかけをつくっている。さらに遡れば、天孫降臨に際し、塩土老翁はニニギに住むべき国のありかを教えている。

それにしても、塩土老翁（シオツツノオジともシオツチノオジともいう）とはいったい何者なのだろうか。

名の塩は「潮」であり、海を指し、ツは「～の」、チは霊を指して、海、航海を司る神とされ、また一方で、古くはツツが、星を意味していたことから、星を目印に航海した古代の海の民の神ではないか、ともいわれている。

いまのところ、「ツツ」＝「星」説がもっとも正しいと思われるのは、やはりツツが名につく海の神を祀る大阪の住吉神社が星と強いつながりをみせるためである。

大阪市住吉町の住吉神社の祭神は、表筒男《うわつつのお》・中筒男《なかつつのお》・底筒男《そこつつのお》・姫神《ひめのかみ》（息長足《おきながたらし》姫命《ひめのみこと》＝神功皇后《じんぐうこうごう》）の四柱である。この中で主祭神の三柱の神は筒を名乗るが、この筒が三柱であることに意味があるとするのは大和岩雄《おおわいわお》氏である。

住吉大社の独特な神殿配置、西面し東から西に順に並んでいるのも、筒が航海にもっとも大切なオリオン座の中心の三ツ星を意味しているからだろうという。この三ツ星は、天の赤道を通り、真東から昇り真西に沈み、まさに夜の海では格好の目印となったからである。

「筒男」とは、航海の安全な道しるべ、つまり守護神、今でいえば燈台のような役目をはたす神のことであり、その具象化が星であり船霊なのである。だから、星も船霊も「筒」といわれるのであろう。（『日本の神々』白水社）

と大和氏が述べるように、日本を代表する海の神は、ことごとくが三柱で祀られているのには、深い訳があったことになる。ついでまでにいっておくと、安曇《あずみ》系の海神は、底津少童命《そこつわたつみのみこと》、中津少童命《なかつわたつみのみこと》、表津少童命《うわつわたつみのみこと》で、同じく海神の宗像神《むなかたしん》は、田心姫《たごりひめ》、湍津姫《たぎつひめ》、市杵嶋姫《いちきしまひめ》である。

ところで、住吉三神の二柱が星であったことや、筒が重要な意味を持っていたことから、古代史の謎の人物たちが、奇妙なつながりを持ってくる。

たとえば、先述の塩土老翁は、住吉三神と同一とするのがほぼ定説となっていて、すなわち住吉三神が白い鬚をたくわえた姿で祀られるのも、住吉三神が影向《ようごう》、人の姿となったのが、塩十老翁だからである。

浦島太郎と住吉三神がつながってきた

さらにここで興味をそそられるのは、浦島太郎も、この住吉三神と同体であった疑いが強い点である。

というのも、『万葉集』には「水の江の浦の島子を詠める一首」(巻九・一七四〇)があって、この中で、浦島子が「墨吉《すみのえ》の岸に出で」「墨吉に還り来りて」と、浦島子が丹後半島ではなく、墨吉の人であったことが記されている。

墨吉とはどこだろう。『摂津国風土記』逸文には、「スミノエ」にまつわる次のような説話がある。

神功皇后の時代、住吉《すみのえ》の大神が現れ、住むべき地を探したという。そして「沼名《ぬな》椋《くら》の長岡《ながをか》の前《さき》」(現在の住吉大社の地とされている)を見つけて、「斯《こ》は実《まこと》に住むべき国なり」といい、また、「真住《ますみ》み吉《え》し、住吉《すみのえ》の国」といってこの地を安住の地としたという。このスミノエ(住吉)がスミヨシになったのは平安時代以降のことであって、『万葉集』にいう墨吉も、住吉大社の住吉の地であった疑いが強いのである。

浦島太郎の故郷が丹後半島であり、一方で住吉でもあったのはいかにも不自然な感じがするが、住吉三神も浦島も海と密接な関係にあったことを忘れてはなるまい。彼らは航海の神であり、海を自在に交通する海の民の守り神である。瀬戸内海航路最大の拠点住吉と日本海航路の要衝、若狭から丹後付近に浦島が祀られ、伝承となって残されたのは、むしろ当然のことであった。しかも、籠神社は海と密接につながった尾張氏と同族の海部氏の祀る神社で、住吉大社は、やはり尾張氏同族の津守氏が祀り続けてきたという歴史がある。住吉と籠神社には、けっしてつながりがないわけではなかったのである。

こうして見てくると、不思議な思いにかられるのは私だけではあるまい。

カゴメ歌の謎を追ううちに、まずカゴと鳥と巫女という出雲の風葬とのかかわりをにおわせるようになった。そして、さらにカゴと鳥は、われわれを丹後半島の羽衣伝承へと導いた。この羽衣伝承の天女豊受大神は、のちの時代に伊勢の外宮《げくう》に移し祀られるのだが、籠神社の伝承によれば、この天女は塩土老翁と夫婦になっていたという。しかもこの塩土老翁は、天孫降臨や海幸彦山幸彦神話、神武東征に功があったばかりか、どうしたわけか、浦島太郎や住吉三神とつながってくる、というのである。

一方『日本書紀』は、これらの事実、豊受大神や浦島にまつわるすべてをつなぎ合わされることを嫌うかのように、それぞれの存在をあやふやに記録にとどめ、あるいは抹殺してしまっているのである。

とすれば、これらの不可思議な現象を示す神々こそ、古代日本史の秘密を握り、しかも、この秘密は、カゴメ歌の中に隠されていたとは考えられぬであろうか。カゴメ歌の謎は、こうして神話の時代、すなわちヤマト建国直前の日本と深くかかわっていた疑いが出てきたのである。

第3章

ヤマトタケル・邪馬台国とつながるカゴメ歌の謎

出雲の風葬にはカゴメ歌の真相が隠されている

浦島太郎を詠った先述の『万葉集』の最後には、浦島を指して「なんと愚かなことをしたのだろう」と、あきれた調子で嘆く場面がある。

浦島はタブーを犯したから結局結婚は破綻し、バチが当たって老人と化したとよくいわれる。浦島ばかりではない。塩土老翁《しおつつのおじ》が導いた山幸彦《やまさちひこ》も、豊玉姫と結ばれながら、海神《わたつみのかみ》の宮から帰って浦島同様にタブーを犯し、豊玉姫の恨みを買った。

ここで思い出されるのは、カゴメ歌の一節である。鶴と亀がすべったとあるのは、あるいは、鶴と亀が何かのタブーを犯してバチが当たったとは考えられぬだろうか。塩土老翁が衣を奪って妻にした相手は、伊勢内宮《いせないくう》の天照大神《あまてらすおおみかみ》に神聖な食事を供する巫女でもある。この巫女に手を出したのが塩土老翁で、しかも浦島であったとすれば、その罪は大きく、この伝承がのちにカゴメ歌になっても、なんの不思議もない。

ただし、現段階では、これはまだ推理の域を出ていない。

では、カゴメ歌の真相に近づく手段はどこにあるのだろうか。やはり、筆者はカゴと鳥と巫女がセットになった信仰が、出雲の風葬を連想させるところに、深い興味を覚えるのである。

というのも、カゴメ歌とかかわりのありそうな浦島・豊受大神《とようけのおおかみ》・塩土老翁といった人びとが、どうしたわけか出雲と深いつながりを見せること、さらに、出雲大社の神紋が正六角形＝亀甲であること、すなわち、この神紋がカゴメ歌と同一の原理（改めていうが、カゴメは正六角形の連続模様である）から派生したこと、亀甲は「亀」であり、「カゴ」であることも無視できない。この神紋も、あるいは、風葬の強烈な記憶と信仰心から生まれたものではあるまいか。死して魂があの世に往くときに通ってゆく隙間が「カゴメ」であり、カゴメはこの世とあの世の境で、鳥は魂の運び手である。出雲系神社のもうひとつの雄・熊野大社《くまのたいしゃ》の神紋が烏《からす》であるのは（白鳥ではないが、烏は生き物の死骸をよく食べる）じつに暗示的である。

そして興味深いのは、この「出雲」が、何者かの手によって、その実態を抹殺されてしまったことにある。カゴメ歌とはまったくかかわりがないと思われる出雲に注目するのは、このためである。神話の世界に出雲が封じ込められてしまったのはなぜなのだろう。

そこでしばらく、カゴメ歌や浦島、豊受大神がかかわる出雲について考えておきたい。

覆された古代史における出雲の常識

かつて、出雲は実在しなかったとするのが史学界の常識だった。八世紀の朝廷が歴史を記す上で、天皇家と対極の概念を創作し、それが「悪しき出雲神」だったという考えである。

ところが、考古学の進展によって、このような通説は覆されてしまった。出雲は実在しただけではなく、想像を上回る力を持ち、ヤマト建国に大きな影響を及ぼしていたのではないかと考えられるようになったのである。

ここで改めて、歴史のおさらいをしておこう。

大陸から人びとが日本列島にやってきたのは、いまから三万〜四万年前。旧石器時代の始まりである。その後、日本列島で最古の土器が作られ始めたのが、いまから一万五千年前で、これが縄文時代の始まりだった。紀元前五〇〇から四〇〇年（それ以上遡る可能性が高まりつつあるが）頃になると、稲作技術と金属器を携えた人々が渡来した。これが弥生時代の始まりで、邪馬台国《やまたいこく》の卑弥呼《ひみこ》は弥生時代後期の人である。

卑弥呼の死は三世紀半ば。このころ、大和《やまと》盆地には、纒向《まきむく》遺跡という巨大な都市が生まれ、前方後円墳が出現していた。ヤマトが建国されたのである。

なぜ前方後円墳が、ヤマト建国を意味しているのかというと、この新たな埋葬文化が、吉備《きび》や出雲、畿内の様式が取り入れられ、さらに最後に北部九州の豪奢な副葬品という風習が持ち込まれ完成したからで、もうひとつ、四世紀に日本列島の各地に一気に伝播していったことが、大きな意味を持っている。てんでんばらばらだった宗教観が、ヤマトの王家と同じ様式に統一されたからである。

これがヤマト建国であり、この中で、「出雲」が大きな役割を果たしていたことがはっきりりとしてきたのだ。

では「あるはずがない」といわれていた出雲が、なぜ注目されるようになったというのだろう。一九八四年十月、島根県出雲市斐川《ひかわ》町の荒神谷《こうじんだに》遺跡で、想像を絶する大量の青銅器《せいどうき》が発見され、史学界を震撼させたことに端を発している。たった一ヵ所の遺跡から発見された銅剣が、全国で見つかっている数を上まわっていたのである。

さらに、一九九六年には近くの加茂岩倉《かもいわくら》遺跡で大量の銅鐸《どうたく》が見つかり、「出雲はそこにあった」と考えられるようになったのである。

前方後円墳が明かすヤマト建国に見る出雲の役割

『日本書紀』は、初代神武《じんむ》天皇が武力でヤマトの土着勢力を屈服させたように記しているが、実際には、いくつかの地域が寄り集まって、「大王《おおきみ》（天皇）」を共立していたと考えられる。そのなかでも、出雲の果たした役割は大きかった。

すでに触れたように、前方後円墳を構成する要素となったのは、四つの地域で、吉備、出雲、ヤマトがまず前方後円墳の原型を造り、最後に北部九州の埋葬文化が融合した。

吉備の特徴は、特殊器台形土器《とくしゅきだいがたどき》と特殊壺形土器《とくしゅつぼがたどき》を使って、墓の上で亡くなった首長の霊を祀り、共飲共食の儀礼を行うところにある。

畿内の「ヤマト以前」の埋葬文化は意外に貧弱で、方形周溝墓《ほうけいしゅうこうぼ》という他の地域と比べて規模の小さい墓を造営していた。その浅い溝が、前方後円墳の濠《ほり》になったのではないかとする推論がある。

北部九州の埋葬文化の特徴は、副葬品が豪奢ということだった。弥生時代にもっとも繁栄した名残といえよう。この文化が、ヤマトに持ち込まれたのである。

最後に残ったのは出雲である。

出雲では弥生時代中期末から後期にかけて、四隅突出型墳丘墓《よすみとっしゅつがたふんきゅうぼ》が現れた。方形の墳丘墓の四隅に三味線《しゃみせん》の撥《ばち》のような出っ張りのあるもので、これが越《こし》（北陸）に伝わり肥大化し、前方後円墳の「方」の部分に採用されたのではないかとする考えがある。また、墳丘墓の斜面には貼石《はりいし》がびっしりと張り巡らされていたが、これが前方後円墳の葺石《ふきいし》になったとする指摘もある。

このように、前方後円墳の成立過程に注目すれば、ヤマト建国に果たした出雲の大きさは明らかで、とすれば、実在した出雲は、いったいどこに消えてしまったのかという、素朴な疑問につながってくるのである。

出雲につながる物部氏の出自

出雲とはいったい何なのだろう。

出雲は神話の世界で悪役に仕立てあげられ、またすでに滅び去ったかのように『日本書紀』は記すが、ヤマト最大の聖地三輪山《みわやま》には大物主神《おおものぬしのかみ》（大国主神《おおくにぬしのかみ》）という正真正銘の出雲神が居座っている。これは謎めく。そればかりか、地元では、天皇家よりも出雲が先だったと語り継がれている。

実は、このことは、『日本書紀』もある程度認めていて、神話の時代、大物主神は、すでにヤマトに移り、三輪山で祀られていたとしている。

興味深いのは、初期天皇家の正妃《せいひ》の顔ぶれである。

『日本書紀』や『古事記』によれば、神武天皇以下、初期天皇家の正妃が、出雲神の娘であったとしている。もっとも、初代神武天皇とこれに続く八代の天皇家は架空で、第十代崇神《すじん》天皇から真実の歴史が始まり、また、神武と崇神は同一人物であったものを、わざとふたりに分けたというのがほぼ定説になっているから、神武天

四隅突出型墳丘墓から前方後円墳へ

妻木晩田（むきばんだ）遺跡の四隅突出型墳丘墓

1 墳丘墓の斜面に張り巡らされた貼石が
前方後円墳の葺石になった

2 墳丘墓の四隅にある三味線の撥のような出っ張りが
前方後円墳の「方」の部分に採用された

皇らの正妃が出雲系であったことに、大きな注意は払われてこなかった。だが、『日本書紀』は出雲神を指して「悪しき鬼」とまで言い切っているのである。その出雲神の娘を、なぜ天皇家の輝ける始祖に結びつける「設定」を必要としたのか、釈然としないものがある。創作であったならば、もっとましな細工ができそうなものではあるまいか。

そこで注目してみたいのは、物部《もののべ》氏だ。『日本書紀』は、神武天皇が九州から東に向かう前に、ヤマトにはニギハヤヒなる人物がいて、すでに君臨していたとする。ニギハヤヒは物部氏の始祖で、神武《じんむ》東征に協力し、王権を禅譲《ぜんじょう》している。『日本書紀』は、このニギハヤヒを天津神《あまつかみ》といい、天皇家と遠い姻戚関係にあったことをほのめかすが、かといって血のつながりを明確に示せなかった。しかし、意外な形でヤマトの王家と物部氏の関係を知ることができる。

『日本書紀』は、「一書《いつしょ》に云《い》はく」という形で、初期天皇家の正妃が、磯城県主《しきのあがたぬし》から出された、ともいう。この磯城県主が曲者で、『日本書紀』はその素性をヤマト土着の首長と位置づけるが、『新撰姓氏録《しんせんしょうじろく》』や『先代旧事本紀《せんだいくじほんぎ》』には、磯城県主が物部氏の祖・ニギハヤヒから出ていると明記している。すなわち、磯城県主は、物部同族であった疑いが強く、それにもかかわらず、『日本書紀』は、両者の関係に沈黙を守っていたことになる。

伊勢神宮や大嘗祭《だいじょうさい》にも、物部氏は強くかかわり、吉野裕子氏は、伊勢祭祀も物部氏の祭祀を踏襲したもの、と指摘している。物部氏はヤマト建国にまつわる大きな秘密を握っているのではあるまいか。

『古代日本正史』（同志社）の原田常治《はらだつねじ》氏は、神社伝承を整理し直し、物部と出雲は重なり、つながると指摘している。

この考えは斬新だったが、すべてを受け入れることはできない。「出雲」は歴史隠滅のカラクリのひとつで、裏側に複雑な仕掛けが用意されているからだ。そもそも「神話の出雲」の真相を、誰も説明してこなかったことこそ大問題である。現実の古代出雲と神話の出雲を同一にあつかってよいのかどうかも深く考えられてこなかったように思う。

奈良県桜井市の纏向《まきむく》遺跡の発見によって三世紀のヤマト建国の過程が、明確になってきた。纏向には吉備と出雲、それから東海や近江、北陸などの土器が集まっていて、彼らの力が融合し、さらに、最後に北部九州がヤマトに集まり、ヤマトは肆国されていたのである。

その中でも、吉備の貢献度がもっとも高く、出雲も無視できない勢力であったことがはっきりとしてきた。

そうなると、かつての「出雲などどこにもなかった」という考え方を改めなければならなくなってきたことはいうまでもない。出雲はヤマト建国に参画していたが、『日本書紀』は、その実態を、神話の世界に封印してしまっていたのだ。

ただ、問題はそれだけでは済まされない。『日本書紀』がヤマト建国の過程を神話の世界に葬ってしまったとしても、天皇家と出雲の対立という単純な構造に押し込み、吉備や東海、近江、北陸の活躍を抹殺していたことにもなるからである。

そうなると、神話にいうところの「出雲」とは、ヤマト建国に参加したいくつかの地域の総称であって、地図上の旧出雲国を指しているのではないことに気づかされる。

そして、原田氏の指摘どおり、「物部」が神話の出雲と多くの接点を持っていたとしても、具体的な出身地がどこだったのか、という疑念が湧いてくる。それは、「旧出雲国」だったのか、それともそれ以外の土地だったのだろうか。

拙著『物部氏の正体』（東京書籍）の中で、「物部は吉備（岡山県と広島県東部）」と推理した。理由は、いくつか挙げることができる。

まず第一に、天皇家は物部氏の作り上げた祭祀形態のいくつかを継承しているが、それは、ヤマト建国時にヤマトの宗教観の基礎を築いたのが「吉備」だったからだろう。

第二に、物部氏は河内に拠点を持っていたが、三世紀の河内には、吉備系の土器が集中していたのである。

第三に、『日本書紀』に従えば、ヤマト建国後、出雲はさかんに意地悪を受けているが、このとき差し向けられたのは、「吉備」か「物部」のどちらかだった。それはなぜかといえば、両者が同一だったからだろう。

このように、「物部」は「神話の出雲」だったとしても、彼らの出身地は、「吉備」であったと考えられる。

朝廷が物部氏の正体を抹殺した動機

問題は、ここまで必死になって物部の出自を隠す必要性がどこにあったのか、ということであろう。八世紀に記された『日本書紀』の編者にとって、物部氏の正体を抹殺する動機が何であったか、である。

『日本書紀』は、天皇家を天から舞い降りた唯一絶対の存在と記し、ヤマトを武力制圧したかのように記して、ヤマト政権発足の当初から、巨大な権力を得ていたと自画自賛している。しかし実際には、前方後円墳が異なる四つの地域の習合文化であったように、ヤマトの王権は列島に散らばった多くの首長たちの手で担ぎ上げられたのであり、『日本書紀』がいうほどの力を持っていたとは思えない。

『魏志《ぎし》』倭人伝《わじんでん》は、三世紀の卑弥呼が、複数の首長によって共立されたとしていて、このヤマト朝廷成立直前の日本の様子を記した文献の一節が、ヤマトを考える上でも有効であるように思えてならない。ヤマトの大王（天皇）を支えていたのは、物部氏を中心とする豪族であり、その証拠にヤマトの都で、天皇家は強大な豪族に包囲されるように暮らし、自ら堅固な城を持つことはできなかった。

ヤマト建国直前の列島は、中世戦国時代を彷彿させるほどの混乱状態で、高台に無数の防御施設が造られていたのだから、ヤマトに乗り込んだ征服王が天皇の祖であるとすると、どうしても落ち着きが悪い。この防衛本能の欠除した様子を説明するには、どうしても、共立というキーワードを用いなければならないのである。

つまり、発足当初のヤマト政権は、豪族らの手による合議制だった疑いが強く、また、このシステムが四世紀以降の日本に活気をもたらした気配がある。

ところが、五世紀、ヤマトの繁栄と半島の混乱が、日本の歴史に微妙な影を落としていく。高句麗《こうくり》の南下に危惧の念を抱いた半島南部の百済《くだら》や伽耶《かや》は、日本に援軍を望むようになる。ヤマトは積極的に軍事介入をしていったから、これが中国大陸(南朝)からも認められ、大王(天皇)は、次第に国際的評価を上げていった。そして、倭《わ》の五王《ごおう》の最後の武《ぶ》=雄略《ゆうりゃく》天皇の時代、実権を握りたいという天皇家の執念が、一気に噴出するのである。

有力なヤマトの豪族を後ろ盾にする皇位継承候補を次々と暗殺し、雄略天皇は即位する。そしてこの人物は、ヤマトをそれまでの「豪族層の馴れ合い社会」から、中央集権国家に作り替えようとしたようなのだ。

かつて筆者は、「独裁を目指す雄略的な天皇家」と、「合議制を守ろうとした蘇我氏」という図式を用意し、七世紀の政争の深層を読み解こうとした。しかしここに至り、考え方を修正しなければならなくなった。意外に思われるかもしれないが、雄略の打ち出した方針を継承したのが蘇我氏で、彼らは屯倉《みやけ》制の整備に尽力し、強い政府の樹立を目論んだ疑いが強い。七世紀の律令制度の整備も、蘇我氏が先頭に立って推進していた疑いが強いからである。

もっとも、蘇我氏が目指したものは、単純な「強い王家」ではなく、「強い政府」であり、天皇の権威の元での合議制を模索した気配がある。そして物部氏も、一度は蘇我と対立しながら、最終的に、蘇我の改革事業を後押しすることとなる。

ところがここで、蘇我や物部を滅ぼし、手柄を横取りする者が現れた。それが「藤原」である。

藤原氏の素性については、またのちに詳述するつもりだが、藤原氏は恐喝、陰謀など卑劣な手段を駆使して、他の豪族を抑え込み、さらに天皇家に女人を入れ傀儡《かいらい》化《か》し、一党独裁を目指している。

問題は、藤原氏が、政局を独占するために、それまでの「物部中心の神道」を捨て、新たな宗教観（中臣神道）を築き上げ、自らの正当性を得ようとしたことで、この結果、物部の祀る神が没落してしまうのである。

これが、物部氏とヤマトをめぐる数世紀の歴史のあらましである。

モノの一族・物部氏は神の世界の支配者

さて、物部氏の祀る祖神がいかに重要であったかは、ニギハヤヒの正式名が、天《あま》照国照彦《てるくにてるひこ》天《あまの》火《ほ》明《あかり》櫛玉饒速日命《のくしたまにぎはやひのみこと》と、その名に「天照」を冠し太陽神の性格を帯びていたことからもわかる。

すでに触れたように、モノは物質であると同時に神でもあった。つまり、「モノの氏族」物部氏は「神に近い一族」だったことがわかる。

物部はモノノフとも読み、ヤマトの武力集団と考えられている。また、のちの世に刑罰を行う者を物部と呼んだのは、武力も刑も神の意志をこの世に反映するための手段だったからである。

物部氏は、モノ＝神の世界の支配者であり、モノと現実の世界を治める者でもあったろう。この神聖な一族のモノは、藤原氏の台頭とともに、モノのもうひとつの側面、鬼の部分のみを強調され、蔑視の対象となっていくのである。『消された王権物部氏の謎』（ＰＨＰ研究所）の中で、この鬼としての物部氏の末裔が、日本の裏社会を築いたと記したのは、このような背景があってのことだ。

さらに余談ながら、八世紀以前の謎に満ちた古代史を解明するヒントとして、モノは有効なリトマス試験紙となる。

『日本書紀』は、反体制勢力あるいは藤原氏と敵対する勢力を「モノ＝鬼」と蔑み、暗示めかしく記している。

つまり、鬼の烙印を押された者をふるいにかけていけば、藤原氏がいかなる勢力と対峙し、これを潰していったかが明らかになるはずなのだ。

たとえば、天孫降臨の直前、天孫族は出雲の神々を指して、悪しき鬼どもと記し、また後の世には、東方のまつろわぬ蝦夷《えみし》たちを、やはり鬼と記している。

また、物部氏にはシコ（醜）を名に持つ人物が散見できるが、シコはモノ同様、鬼を意味していて、『古事記』に従えば、蘇我氏の祖は、この物部系のシコの名を

モノvs藤原氏の構図

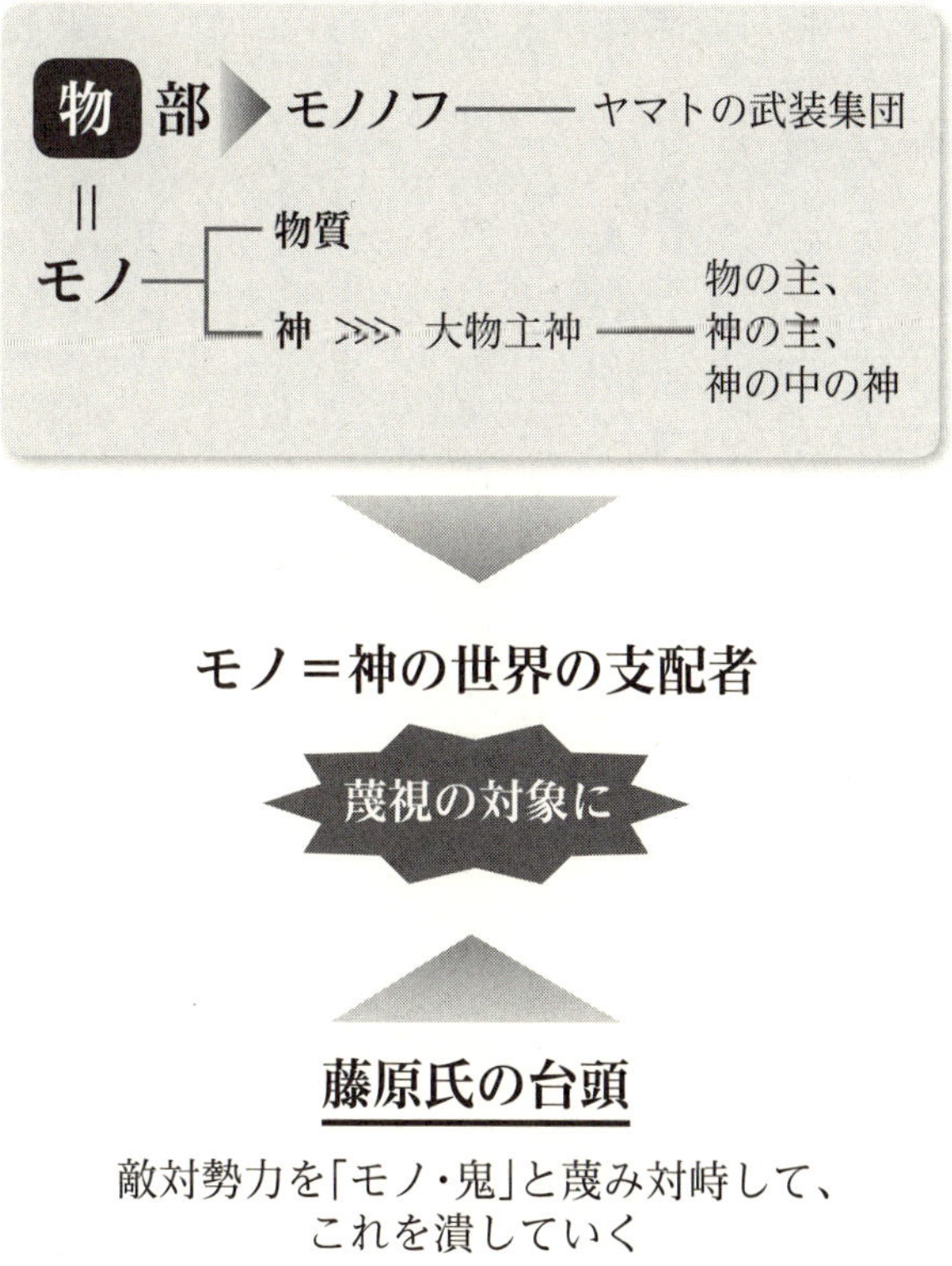
物部
モノノフ
ヤマトの武装集団
＝
モノ
物質
神
大物主神
物の主、
神の主、
神の中の神
モノ＝神の世界の支配者
蔑視の対象に
藤原氏の台頭
敵対勢力を「モノ・鬼」と蔑み対峙して、
これを潰していく

冠する人物から枝分かれしている。

さらに興味深いのは、ヤマトタケルと聖徳太子で、彼らは一般に朝廷側の英雄と考えられているが、実際には、彼らは朝廷に祟る恐怖の存在であり、鬼そのものなのであった。

ヤマトタケルも太子も、どちらも童（子ども）＝鬼の姿で活躍し、ヤマトタケルの死を悼む歌は、つい最近まで、天皇の葬儀で歌われていたし、聖徳太子の怨霊《おんりょう》が法隆寺《ほうりゅうじ》で祀られているのではないかとする梅原猛《うめはらたけし》氏の『隠された十字架』（新潮社）はあまりにも有名である。彼らが『日本書紀』の記述とは裏腹に、朝廷に恨みをもって死んでいったことは、すでに他の拙著の中で触れたところである。

それはともかく、藤原氏のしでかしたことは、本来神の妻であり、男性の太陽神を祀る女性、大日孁貴《おおひるめのむち》を天照大神《あまてらすおおみかみ》という太陽神に仕立て上げ、ヤマトの元来の太陽神を『日本書紀』の神話の中で上手く抹殺してしまったことにある。

その証拠に天照大神は、『日本書紀』の中で、はじめ大日孁貴＝大日巫女《おおひのみこ》として登場している。天照大神が本当の太陽神でなかったと記さざるを得なかったところに、このモノ（神）の抹殺の真相が隠されていよう。

太陽神を祀る女性を太陽神に仕立て上げざるを得なかったのは、一説によると、藤原不比等を重用した持統天皇を神に重ねるためとも、あるいは、邪馬台国の卑弥呼を天照大神に重ねたのではないかともいわれるが、このあたりの事情は、またのちに触れる。

ヤマトタケルの悲劇がカゴメ歌に語り継がれる？

こうしてみてくると、藤原氏が物部氏の正体を抹殺し、歴史を都合のよいように改ざんしてしまいたい動機は十分備わっていたことがわかる。

『日本書紀』の次に記された『続日本紀《しょくにほんぎ》』には、八世紀初頭、禁じられた武器や文書を持って山に潜伏し、朝廷に刃向かった者がいたとしているから、藤原氏は古い歴史書を没収して焼いてしまったことは十分考えられる。歴史の敗者はここに、政権のごり押しする歴史観に、反論することも許されずに、闇に消えていくのである。

そうなると、「歴史ではない」と無視されてきた「説話」の見直しが必要となってくるはずだ。表立って口にすることのできぬ無念の思いを、あえておとぎ話や鬼遊びに託して後世に伝えようとしたのではないかと思えてくるからだ。しかも、その中のひとつが、カゴメ歌だったとしたら……。

そして、カゴメ歌の発祥の地とされる千葉県野田市で、件の籠の中の鳥の彫刻に、ヤマトタケルが重なっていたことに、強い興味を覚えるのである。『日本書紀』によって鬼の烙印を押され、「父は自分に死ねというのだろうか」と嘆いたヤマトタケルは、ついにヤマトに帰ることができず、無念の思いを抱いて死んでいった。魂が白鳥となって、やがて西の空へ飛ぶほど、ヤマトへの念は強かった。

すでに触れたように、ヤマトタケルの死を悼む歌は、天皇の葬儀に必ず歌われていたものだ。なぜ天皇家は、ヤマトタケルの死に、これだけこだわりを持ったのであろう。その裏には、公にはできない悲劇、秘密が隠されていたのではあるまいか。そして、その悲劇性と真実が東国に語り継がれ、何らかの形でカゴメ歌という形になっていったとは考えられぬであろうか。というのも、ヤマトタケルの背後には、どうも出雲や物部がちらついてくるばかりか、前述の浦島・羽衣伝説にも、奇妙なつながりをみせ、出雲や物部の鳥・カゴ・巫女という太古の信仰形態とカゴメ歌はつながっていたのではないかと疑えるからである。

ヤマトタケルを祀る神社がなぜ東国に多いのか？

ヤマトタケルの悲劇を決定的にしたのは東国でのできごとだった。だからというわけでもないだろうが、ヤマトタケルを祀る神社は、東国に圧倒的に多い。

この、東国のヤマトタケル祭祀という点について、これまであまり注目されてこなかったが、よく考えると奇妙である。

『日本書紀』によれば、父景行《けいこう》天皇はヤマトタケルに向かって、東の荒ぶる蝦夷どもを討てと命じ、ヤマトタケルもこれを実行するために東国に入った。ヤマトタケルの行為は征服戦であり、とすれば、なぜ東国でヤマトタケルへの恋慕にも似た思いと信仰が生まれたのであろうか。

一般にヤマトタケルは神話であって、第十代崇神《すじん》天皇が差し向けた四道将軍《しどうしょうぐん》を神格化したものではないか、ともいわれている。あるいはそうかもしれぬと思われるのは、ヤマトタケルと四道将軍を結びつけると、ヤマト建国がスムーズに説明できるからである。

この崇神天皇は実在の初代ヤマトの大王で、神武天皇と同一視する説が根強い。『日本書紀』には崇神天皇の時代、ヤマトに箸墓《はしはか》が造られたとしていて、また、東国やその他の地に四道将軍を派遣して、ヤマトの基礎を築いたとしている。これらの記述は、三世紀後半の考古学上のヤマト建国の過程とほぼ合致する。これらの説話のすべてが、絵空事ではなく、崇神天皇の業績（もちろん物部氏が実力者として動いたであろうが）であったことは確かなようなのだ。

そして、ここで注目されなければならないのは、ヤマト建国と東国の動向なのである。

改めて述べるが、『日本書紀』は、崇神天皇の時代、東国やその他の地域に四道将軍を派遣し、国土を平定していたとしている。この四道将軍のうちふたりは東国に向かったのだが、彼らは太平洋側と日本海側からそれぞれ進み、東北南部、福島県会津若松《あいづわかまつ》市付近で落ち会ったという。

四世紀、東国はそれまでの独自の埋葬文化を捨て、前方後円墳というヤマトの文化を一気に取り入れていくが、その範囲は、まさに東北南部までであり、四道将軍の話と見事に符合するのである。

ただ、このヤマト建国とその直後の東国のヤマト化は、『日本書紀』のいうような武力制圧であったかというと、どうもそうではなかったようなのだ。というのも、考古学的にいうと、東国は西国から差し向けられた武力によって鎮圧され平定されたという痕跡がないばかりか、四世紀、東国は平和的にヤマトを受け入れ、共存していったと考えられるのである。

問題を複雑にしているのは、ヤマト建国後の「東国の出雲」なのである。

古代の東国は、ヤマトの支配を完璧に受けない一種の独立性を保っていたことは知られているが、その中でも中心的な存在として君臨していたのが、北関東の上毛《かみつけ》野氏《のし》であった。この一族を『日本書紀』は、天皇家の末裔としているが、この系譜は実に怪しい。というのも、彼らが天皇家ではなく、むしろ出雲との間に、強烈なつながりをみせているからなのである。

さらに、東国にはヤマトタケルも深くかかわった尾張《おわり》氏がいて、上毛野氏に勝るとも劣らない影響力を持っていたが、彼らは物部と親しく、しかも東国の開拓に力を注ぎ、考古学でいうところの四世紀の東国のヤマト化にもっとも貢献した一族のひとつであった可能性が強いのである。そして、『古事記』によれば、『日本書紀』の記述とは裏腹に、ヤマトタケルは東国を武力制圧したのではなく「言向《ことむ》け和平《やわ》す」、つまり、和平工作を行ったと表現している。とすれば、このヤマトタケルの東国行きは、尾張氏の行動とよく似ていたことがわかる。

さらに、ヤマトタケルは東国に向かうに際し、草薙《くさなぎ》の剣《つるぎ》を授かるが、この剣が、八岐大蛇《やまたのおろち》の尾から現れたスサノオの神剣であったことも見逃せない。ヤマトタケルは出雲の剣をかかえて東国に出現し、出雲の剣を尾張に置いて伊吹《いぶき》山に向かい、霊力を失って死んでゆくのである。

いったい、なぜ東国と出雲はこれほどまでに多くの接点を持っているのだろうか。そして、ヤマトタケルという神話の裏に、何が隠されていたのだろう。

ひとつのヒントは、建御名方神《たけみなかたのかみ》という出雲神にある。

『古事記』によれば、出雲の国譲りに際し、最後まで抵抗したのは大物主神の子・建御名方神であったという。結局この神は、出雲を追われ諏訪《すわ》に逃れ、ここで敗北宣言をするのだが、この神こそ信州諏訪大社の主祭神なのである。

不審なのは、『日本書紀』が建御名方神の事件を取りあげていないばかりか、建御名方神の存在そのものも抹殺してしまったことである。

さらに謎を呼ぶのは、建御名方の出雲から諏訪への逃亡ルートが、四世紀前後の、西国から東国に向かった文物の流入ルートとほぼ重なること、しかもこのとき入植した人びとが、稲作の後進地帯であったこの地方に開拓技術を導入しており、建御名方神も、まさに開拓神として地元の人びとに崇められている点にある。

古代史伝承の共通のモチーフが鳥・籠（亀）・巫女

この建御名方神の行動は、尾張氏やヤマトタケルの姿を彷彿とさせるばかりか、建御名方神や尾張氏、ヤマトタケルが、東国の開拓に力を注ぎ、しかも三者の背後に出雲の姿がちらつくことが、どうにも気になるのである。

そして、千葉県野田市で、カゴの中の鳥とヤマトタケルがつながっていたのは、遠く出雲で始まった「鳥とカゴと巫女」という信仰形態が、出雲系の人びとやヤマトタケルによって関東にもたらされたからではなかったかと空想してみるのである。

それは単に、ヤマトタケルが出雲的だからというだけではない。ヤマトタケルもまた、カゴメ歌との奇妙なつながりをみせるからである。

改めていうまでもなく、ヤマトタケルは死して白鳥となった。これで、カゴメ歌のひとつの要素、鳥は備わっていたことは確かだが、一方でヤマトタケルは巫女《みこ》（巫覡《ふげき》）的で、籠ともかすかなつながりを見出せる。

『日本書紀』の中で、ヤマトタケルは「日本童男《やまとおぐな》」と自称しているが、これは、ヤマトタケルがヤマトを代表する童子であって、クマソタケルという鬼を退治する者が「童子＝鬼」でなくてはならなかったからなのだが、同時に、ヤマトタケルは鳥巫女としての資質も備えさせられていた。

父景行《けいこう》天皇にクマソ征伐を命じられたヤマトタケルは、伊勢神宮《いせじんぐう》の倭比売命《やまとひめのみこと》に御衣御裳《みそみも》を借り、童女の姿となってクマソタケルを殺している。ここで神衣を着せられたのは、ヤマトタケルに鳥巫女の霊力が与えられていたからで、のちに白鳥と化すのは、理由のないことではなかった。

さらに、ヤマトタケルの向かったクマソとは、熊《くま》の国と曾《そ》の国二つを合わせた名とされている。そして、曾の国とは、現在の鹿児島付近を指しているが、「カゴシマ」という地名の由来が「カゴの鳥」からきているという有力な説があることは見逃せない。ヤマトタケルと籠は、微妙につながっていた可能性が出てくる。

とすれば、ヤマトタケルにも、カゴメ歌を構成する要素が備わっていたわけで、野田市の神社の彫刻にも、深い根拠があったのではないかと思えてならないのである。

このような雲をつかむような発想を、どこまで正確に立証できるかはわからない。しかし、これから述べるように、カゴメ歌の内容が、ヤマト建国前後の隠された歴史とあまりにも見事に符合してくるから、偶然とは思えないのである。

そして改めて強調したいのは、天の羽衣伝承、浦島伝説、海幸山幸神話、ヤマトタケルがそうであったように、古代史を代表する伝承のことごとくが、鳥（天の羽衣・神衣）・籠（亀）・巫女というカゴメ歌的な共通のモチーフで貫かれている、という点なのである。

その理由はいったいどこにあるのか。これを単に古代信仰の強烈な残像というだけですましておいてよいものかどうか。

不思議なことに、この同一のモチーフを匂わすそれぞれの伝承をたどっていくと、ヤマト建国の直前、神話でいえば出雲の国譲り、史実でいうと邪馬台国の卑弥呼の時代の、ひとりの女人の悲劇に行き着いてしまうのである。そして、この女人は、ヤマト建国と邪馬台国の謎に、深くかかわっていたらしいのである。

そこで、話はますます複雑になるが、ヤマト建国の直前、三世紀の邪馬台国の卑弥呼の歴史について考えておきたいのである。

カゴメ歌と邪馬台国にどんな接点があったのか?

こうして、カゴメ歌の謎は、図らずも邪馬台国へと行き着いてしまったのである。では、カゴメ歌と邪馬台国にどのような接点があったというのか。そこでまず、邪馬台国論争についてしばらく考えてみたい。

さて、邪馬台国論争は、すでに江戸時代から始まり、明治、大正、昭和、平成と続き、日本史最大のミステリーとなった。

なぜ邪馬台国の所在地は特定できないのかというと、『魏志《ぎし》』倭人伝《わじんでん》に示された九州北部の不弥国《ふみこく》から邪馬台国までの行程「南へ水行十日陸行一月」をそのまま進

ヤマトタケルは白鳥になった!?

女装してクマソタケルに近づくヤマトタケル（手前）

めば、九州はるか南方の海上に没してしまうために、この一節をどのように読めばよいか、多くの推論を生み出したのである。

一方、文献からではなく、考古学の立場から邪馬台国を特定できないか、という動きも活発である。

一般に、文献的には北部九州説、考古学的には畿内説が優位とされてきたのは、『魏志』倭人伝の記述がほぼ九州に集中していること、かたや邪馬台国と同時代の三世紀のヤマトに、倭国の中心に相応しい纒向《まきむく》遺跡が出現していたこと、しかもこの遺跡の中で、ヤマト建国の象徴である前方後円墳が誕生していたからである。

この結果、邪馬台国畿内説が俄然優位に立ったのである。

しかしすでに触れたように、ヤマト建国は、いくつかの地域の協力によって成立していたのであって、ひとつの勢力が他を圧倒したのではないことがはっきりとしている。しかも、ヤマト建国の主体が、吉備や出雲であったこともわかっている。

これまでの、畿内か九州かという単純な邪馬台国論争は、もはや通用しなくなりつつある。

その点、大和岩雄氏らが唱える「卑弥呼の邪馬台国は九州にあって、宗女トヨの代に、ヤマトに移った」、あるいは、「邪馬台国は九州にあって、これと同等の勢力がヤマトにあり、のちに合併した」とする考えが、説得力を持っているようにも思われる。

『日本書紀』が、天皇家は九州からヤマトに移ってきたと、証言していること、『旧唐書《くとうじょ》』や『新唐書《しんとうじょ》』の中で、日本は二つの大きな勢力が合併して誕生した、と証言する意味は大きい。

ちなみに、この『旧唐書』『新唐書』の記事を重視し、ヤマト朝廷が畿内と九州の合併によって誕生したと考えたのは、谷川健一氏である。

北部九州東側に秘められた新たな邪馬台国問題

複数の勢力の合併という点で興味深いのは、北部九州に、相容れぬ二つの文化圏があったとする森浩一氏の指摘である。北部九州といえば、弥生文化の流入口として知られ、弥生時代の列島の最先端地域であった。ところが、北部九州をひとくくりにして弥生時代を語ることはできないと、森浩一氏はいうのである。

たとえば、弥生時代中期以降の北部九州の特徴とされる大型甕棺《かめかん》や青銅器《せいどうき》の豪華な副葬品という埋葬文化は、北部九州でも西側の地域でのことで、東側の遠賀川《おんが》流域を中心とするまとまった地域では、まったく異なる状況にあったというのだ。

かたくなに弥生前期的な状況――もちろん縄文以来の伝統も――を継承している（後略）

として、しかも、

もし仮に将来の研究で、西地域に大陸からの人びとの渡来が浮かびあがったとしても、東地域はそれをかたくなにこばんだ地域（後略）（『考古学と古代日本』中央公論社）

であったとさえいうのである。

それだけではない。森浩一氏によれは、この遠賀川というかたくなな地域は、どうも出雲と接点を持っていたらしいのである。出雲から出土した銅剣には、出雲式銅剣と命名しうる独自性があって、それは剣が長い、ということで、この長い剣は、遠賀川周辺で発達したものという。

この遠賀川周辺と出雲の接点は、『日本書紀』の記述からうかがい知ることができる。北部九州東部にあたる福岡県宗像《むなかた》郡（現・宗像市）に鎮座する宗像三神は、スサノオと天照大神《あまてらすおおみかみ》の誓約《うけい》によって生まれるが、三女神がスサノオの十握剣《とつかのつるぎ》から生まれたことから、スサノオの子であり、スサノオに授けられた、としている。『宗像大菩薩御縁起《むなかただいぼさつごえんぎ》』にも、宗像神が出雲の簸河《ひのかわ》からやってきたといい、宗像神の子が住吉三神であったとしている。すでに述べたように、住吉三神を祀るのは尾張系の津守《つもり》氏で、尾張氏は出雲と接点を持つ。

北部九州の東側地域が、弥生前期以前の土着性をかたくなに守っていたこと、しかも出雲との間に交流があったとする森浩一氏の指摘が重要なのは、次の点からである。

『魏志』倭人伝に描かれた倭国の地域が、末盧《まつら》（現在の佐賀県唐津《からつ》市）、伊都《いと》（福岡県糸島郡（現・糸島市）二丈町）、奴《な》（博多）と、北西部から次第に東に移って、奴国から邪馬台国へは、東百里の不弥国《ふみこく》（福岡県糟屋郡宇美町《かすやぐんうみまち》）から南方へ水行十日陸行一月と移っていくのだが、この不弥国が、ちょうど、北部九州東地域との境界あたりにあたっている、ということなのである。すなわち、『魏志』倭人伝の記述は北部九州に集中していて、しかもそれは西側の地域なのであって、この遠賀川は、完璧に無視されていたことになるのである。

ここに、これまで語られることのなかった新たな邪馬台国問題が秘められているように思えてならない。そして、二つの日本が合併していたとすれば、この出雲と北部九州東側のつながり、そして北部九州西側の目に見えぬ対立こそ、すべての謎を解くヒントとなってくるのではあるまいか。

少なくとも、北部九州を二分する埋葬文化の温度差と、『魏志』倭人伝の東側地域無視には、なにかしらの因果関係が隠されていたはずである。

『日本書紀』が示す不審な態度

ここで指摘しておかなくてはならないのは、『日本書紀』の不審な態度である。

『日本書紀』は『魏志』倭人伝の記事を神功皇后《じんぐうこうごう》の時代のこととして引用している。神功皇后は、第十四代仲哀《ちゅうあい》天皇の皇后だが、天皇の死後、息子応神《おうじん》天皇が即位するまでの六十九年間、摂政《せっしょう》としてヤマトに君臨していた女傑である。つまり、『日本書紀』は、邪馬台国の卑弥呼を、この神功皇后であったとしていることになるが、この『日本書紀』編者の比定は、実に曖昧で、断言しているわけではない。

まず年代的に、百年近い誤差がある。そして第二に、神功皇后が六十九年もの間摂政として君臨していたのが事実であるならば、なぜ『日本書紀』は国母《こくも》神功皇后（卑弥呼）が即位していたと明記できなかったのか。『風土記』などの文献には、神功皇后を天皇として認めている例が少なくないこと、当の『日本書紀』でさえ、神功皇后を天皇並みに待遇していることも疑惑を深めている。

さらに不審なのは、仮に神功皇后を卑弥呼とみなし、天皇家の祖とみなしていたのなら、神功皇后は血統的に、あまりに貧弱ではないか。神功皇后は開化《かいか》天皇の五世の孫とされ、しかも母方の祖が新羅《しらぎ》（実際は伽耶《かや》であったと思われる）からやってきたという「設定」も不可思議だ。

また、『日本書紀』が、もうひとり卑弥呼らしき人物（神）を用意しているのも、不審を募らせる。

すでに触れたように、天照大神の本名、大日孁貴《おおひるめのむち》の孁が一文字で巫女を表すことから、大日孁貴は大日巫女で、日巫女＝ヒノミコ＝ヒミコと、邪馬台国の卑弥呼を神格化したものが大日孁貴＝天照大神だったのではないかとされている。

なぜ『日本書紀』は、邪馬台国からヤマト建国に至る謎の重要参考人・卑弥呼を、直視しようとしないのだろうか。

ここには、邪馬台国やヤマト建国をめぐる歴史の闇が眠っているのではあるまいか。ヒントとなるのは、二つの九州、二人の女王である。

神功皇后が殺した九州ヤマトの女首長

『日本書紀』神功皇后摂政前紀には、次のような記事がある。すなわち、九州のクマソが反乱を起こしたために、北部九州に出向いた神功皇后は、作戦を変更し新羅を攻めることにするのだが、その直前、少し南下し、筑後《ちくご》国の山門《やまと》（福岡県山門郡（現・みやま市））で、土着の女首長（土蜘蛛《つちぐも》田油津媛《たぶらつひめ》）を殺した、という。この背後の憂いを取り除いたところで、神功皇后は海を渡り、半島に兵を繰り出したのだというのである。

それにしても、山門（邪馬台国？）の女首長をヤマト（大和）の神功皇后が殺したとは、意味深長ではないか。

筑後の山門が邪馬台国九州説の最有力候補地であることは、改めて述べるまでもない。九州の地図を見れば一目瞭然だが、博多を中心とする九州北岸は、想像以上に平地が少ない。一方、筑後川周辺の筑紫平野は、九州一の穀倉地帯となりうる広大な平原となっている。しかも、邪馬台国をヤマトと読めば、山門と邪馬台国は重なってくる。

そして、神功皇后の殺した山門の女首長に強い興味を覚えるのは、この女人こそ『魏志』倭人伝にいう邪馬台国の卑弥呼だったのではないかと思えてならないからである。さらに付け加えると、この女首長を殺したのを『日本書紀』は神功皇后とするが、この女人の正体は、やはり『魏志』倭人伝にいうところの卑弥呼の宗女《そうじょ》・台与《とよ》（以下「トヨ」）だったのではないかと疑えてならないのである。

では、その証拠とは……。

『日本書紀』の記述に従えば、神功皇后は武内宿禰《たけのうちすくね》という男覡《おかんなぎ》を近侍させ神事を行い、神託を下したとしている。神功皇后は明らかにシャーマンとしての性格を持ち、まさに卑弥呼の後継者にふさわしい。

ただ、巫女というだけなら、古代社会には星の数ほどいたであろうから、このことのみによって、トヨと神功皇后を短絡的に結びつけることはできない。問題は、神功皇后がトヨと多くの接点を持っていたことなのである。

神功皇后とトヨの奇妙な接点とは？

神功皇后は新羅征伐を行うが、『宗像大菩薩御縁起《むなかただいぼさつごえんぎ》』によれば、遠征軍が対馬《つしま》に着いたときのこと、神功皇后は妹の豊姫《とよひめ》を竜宮城へと差し向け、「その昔、海神《わたつみのかみ》と神功皇后は親子であり、その契りに免じて乾珠《しおひのたま》・満珠《しおみちのたま》を与え、力を合わせてほしい」と頼ませたのであった。この二つの珠のおかげで神功皇后はあっけなく新羅を攻め落とす。

ところで、ここにいう乾珠・満珠といえば、海幸山幸神話で豊玉姫《とよたまひめ》が山幸彦《やまさちひこ》に授けた玉であり、しかも、神功皇后が海神の娘であったというのだから、彼女と豊玉姫との間に接点が見出せる。ここでも、神功皇后とトヨは因縁がある。宗像大社の伝承が神功皇后の妹に豊姫を持ってきたのは、神功皇后と豊玉姫のつながりを暗示するためともとれるのである。

神功皇后の忠臣に武内宿禰がいるが、武内宿禰の末裔・蘇我馬子《そがのうまこ》は、飛鳥の豊浦《とゆらの》宮《みや》で活躍し、しかも別名を嶋大臣《しまのおおおみ》といった。「豊浦の嶋大臣」と、まるで浦島太郎・浦島子を連想させる名は、偶然ではなさそうである。

籠神社《このじんじゃ》の伝承によれば、豊受大神《とようけのおおかみ》と塩土老翁《しおつつのおじ》は夫婦になったとしているが、塩土老翁は住吉大神《すみよしのおおかみ》と同体であったことは通説でも認められていて、一方で住吉大神と浦島太郎は多くの接点を持っていた。さらに、他の拙著に述べたように、蘇我氏の始祖・武内宿禰と浦島太郎も、異名同体であった疑いが強い。

何か奇妙な具合になってきた。

『宗像大菩薩御縁起』には、神功皇后が新羅に向かう途中、亀に乗った男が現れ、神功皇后に加勢したとある。浦島子はここに至り、すでにおとぎ話ではすまされなくなりつつあり、浦島子と豊受大神の関係は、神功皇后と武内宿禰とそっくりであったことに気づかされる。

さらに縁起は、宗像神の子が住吉大神で、孫が宇佐（応神天皇）といい、住吉大社の伝承には、神功皇后と住吉大神が夫婦の秘め事をしたとしている。

『古事記』の中で、神功皇后の夫仲哀天皇が武内宿禰と神功皇后のいる密室で不審な死に方をしていること、応神天皇の産み月に奇妙なカラクリが用意されていることなどから、神功皇后と武内宿禰の子が応神天皇だったのではないかとする説が出ているくらいだから、この住吉大社の伝承を荒唐無稽《こうとうむけい》と一蹴することはできない。

そして、住吉大神は塩土老翁なのだから、神功皇后の立場は、まさに塩土老翁の妻となった豊受大神とも重なってくるのではあるまいか。

ことここに至り、いよいよ神功皇后とトヨは奇妙なつながりを見せてきたのである。

神功皇后とトヨ、豊受との関係にこだわった理由は？

トヨと神功皇后を結びつけるもうひとつの証拠は、尾張氏の存在である。

『住吉大社神代記《すみよしたいしゃじんだいき》』によれば、神功皇后は新羅に向かうとき、すでに産気づいていたが、このとき、津守氏の祖・田裳見宿禰《たもみのすくね》が石をとり、皇后の股にこの石をはさみ、生まれてくる皇子になりかわり、「生まれくる私に、広く美しい国土を賜れ」と祈禱すると、石だけが抜け落ち、皇子は無事にお腹の中に留まったとしている。神功皇后の新羅遠征には、この田裳見宿禰が活躍するのだが、すでに触れたように、この人物は尾張氏と同族で、海部氏とのつながりもある。

海部氏が丹後半島で豊受大神を祀っていたのは、意味のないことではあるまい。神功皇后と「トヨ」が通じていたからこそだろう。

またこのことは、神功皇后の奇妙な行動と、豊受大神の性格からもいえる。

豊受大神は天から舞い降りてきたと伝説はいうが、現実には海の彼方からやってきた可能性も疑ってかかる必要がある。丹後半島の近辺に加悦《かや》町が現存したこと（現在の与謝郡与謝野町）、丹後半島、若狭《わかさ》、角鹿《つぬが》（現在の福井県敦賀《つるが》市）一帯が、古代朝鮮半島の通商国家、伽耶《かや》の強い影響を受けていたところから、豊受大神もやはり伽耶と何かしらの因果で結ばれていたのではあるまいか。

これは憶測に過ぎないが、豊受大神がはじめ八人の天女のうちのひとりであったが、三世紀初頭、朝鮮半島南端の沿岸地帯で浦上八国《ほじょうはちこく》の争乱が起きていて、この「八」と八人の天女が妙に気になってくる。

なぜ、「八」や「伽耶」にこだわるのかというと、神功皇后も伽耶から逃げてきた女人との接点を持っているからだ。

『日本書紀』や『古事記』によれば、神功皇后の先祖に天日矛《あめのひぼこ》があって、この人物（神）は新羅の王子であったとするが、本来はツヌガアラシトという伽耶王子であった。このことはほぼ通説も認めている。

興味深いのは、ツヌガアラシトの来日説話で、あるときツヌガアラシトが偶然白い石を得たという。この石を寝室に置いておくと、美しい童女に化けたので、男と女の契りを結ぼうとしたところ、童女は逃げ出したので追っていくと、ツヌガアラシトは日本に着いてしまったという。

逃げた童女は難波に至り比売語曾神社《ひめこそじんじゃ》の祭神となり、また豊国《とよのくに》（現在の大分県と福岡県）の国前郡《くにさき》にたどり着き、ここでも比売語曾神社の祭神となったという。また、ツヌガアラシトは北陸の角鹿《つぬが》の氣比《けひ》神宮で祀られることとなる。

『日本書紀』によれば、童女ヒメコソを追ってきた男が神功皇后の祖にあたるのだが、実際神功皇后とツヌガアラシトは奇妙な関係を持っている。クマソが反乱を起こし神功皇后が九州征伐に向かったのは、このツヌガアラシトの祀られる北陸の地からで、またのちに、神功皇后は皇太子（のちの応神天皇）を角鹿に向かわせ、ここで皇太子は気比神宮の祭神と名前を交換している。

こうしてみると、神功皇后は通説通りツヌガアラシトの末裔と考えられるが、しかし一方で、比売語曾ともつながっている。ツヌガアラシトの追ってきた比売語曾は難波に逃れ、さらに豊国へ向かったというが、難波には住吉大社があって、また、豊国には応神天皇を祀る宇佐神宮《うさじんぐう》がある。また豊前国には、比売語曾と縁の深い香春《かわら》神社があるが、『風土記』豊前国逸文によれば、昔、新羅（本来は伽耶であろう）の国の神が渡ってきて、この近辺の河原《かはら》に住み着いたとある。これを鹿春《かはる》の神といい、また、北方に峯があって山頂に沼があり、そこに龍骨（薬用の化石）があったとしている。この神の名を辛国息長大姫大目命《からくにおきながおおひめおおめのみこと》ともいい、『三代実録《さんだいじつろく》』には辛国息長比売《からくにおきながひめ》とある。

つまりここでは、比売語曾を「辛国（伽耶）」の息長比売と呼んでいたわけだが、神功皇后も同じ息長比売であることを無視できない。鹿春（香春）神社の北方に山があって、頂きに沼があったと『風土記』が強調するのは、天女・比売語曾がここに舞い降りたとき、この沼で水浴びをしていたからであろう。また、龍骨があったとしているのも、竜宮城を連想させるに十分である。

こうして、神功皇后はトヨや豊受との間にいくつもの接点を持っていたという私見の概略は理解いただけたと思うが、なぜここまで両者の関係にこれだけこだわったかというと、山門の女首長を殺したのが神功皇后であったと『日本書紀』が記録していて、それはトヨのヒミコ殺しではないかと疑っているからである。

鉄の流通でつながる北部九州と出雲、吉備

なぜ神功皇后は、「トヨ」の女神と接点を持ってくるのだろう。そしてその豊受大神たち「トヨの女神」は、なぜ朝鮮半島南部の伽耶とつながっていたのだろう。

このあたりの事情は、日本史の根幹というだけではなく、カゴメ歌の秘密を解きあかす上で、重要な意味を持っているので、「トヨとヤマト建国の歴史」を、もう少し詳しく見ておこう。

ツヌガアラシトの正体とは?

北陸・角鹿の気比神宮(福井県敦賀市)

気比神宮の祭神

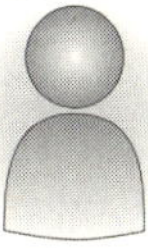

ツヌガアラシト

伽《か》耶《や》の王子として
気比神宮に祀られている

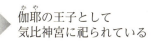

まず注目しておきたいのが、弥生時代後期からヤマト建国に至る道のりである。すでに触れたように、ヤマト建国は三世紀のことで、奈良県桜井市の纒向《まきむく》遺跡に、前代未聞の巨大都市が出現し、前方後円墳が完成していたのだった。

それではなぜ、ヤマトに突然、新たな国が建国されたのだろう。これには、弥生時代後期の「鉄」の流通をめぐる暗闘の歴史が隠されている。

纒向遺跡の発見によって邪馬台国論争は「畿内論」が優位に立ったが、北部九州論者は「とんでもない」と反論する。それはなぜかというと、弥生時代後期、ヤマトは深刻な鉄欠乏症に見舞われていたからだ。北部九州と比較すれば、月とすっぽん。それどころか、ほとんどヤマトには鉄は回ってこなかったのであり、「国力の差」を考えれば、ヤマトが国の中心になること自体、不自然なことと指摘するわけである。

そこでまず、なぜ弥生時代後期のヤマトが、鉄を手にできなかったのか、その理由から考えてみよう。

弥生時代を通じて、北部九州が日本列島の最先端地域として繁栄を誇っていたのは、朝鮮半島にもっとも近いという地理的優位性があったからだ。先進の文物を取り込み、他地域を圧倒していたのである。

そうはいっても、青銅器文化圏を見ればわかるように、日本列島にはいくつもの勢力圏が存在していたし、互いに牽制《けんせい》しあい、あるいは交流を深めていたに違いない。もちろん、主導権争いも活発に行われていたのだろう。弥生時代が混乱の時代であったことは、瀬戸内海や西日本を中心に、防禦《ぼうぎょ》のための高地性集落が盛んに造られていたことからもはっきりとしている。

弥生時代は日本に本格的な農耕社会が広まった時代であり、農業の始まりは、戦争の始まりでもあった。より広い土地を求め、人びとは移動し、開拓し、隣人といがみ合ったからである。そのような中にあって、弥生時代後期になると、西日本では大きな変化が起きていた。北部九州だけではなく、出雲や吉備が発展しはじめたのだ。北部九州に独占されていた鉄が、次第に山陰と山陽に流れはじめ、出雲と吉備は、独自の埋葬文化を発展させていったのである。

この時、何が起きていたのだろう。

弥生時代後期、北部九州は鉄を独占するために、関門《かんもん》海峡を封鎖し、鉄をヤマトに流さないように仕組んだのではないかとする説がある。そうとでも考えないかぎり、ヤマトの極端な鉄欠乏症を説明できないし、まるで「川」のような関門海峡の通交を管理することは、物理的に可能なことだから、十分説得力を持つ推理である。

ただし、関門海峡を閉じて鉄の流通を制限した場合、いくつかの問題が起きてきたはずだ。

まず、瀬戸内海勢力が、黙っていないだろう。瀬戸内海は多島海で内海という利点を持っていた。潮の満ち引きを利用する安全な航海が可能だった。だから、この地域が西日本の大動脈になったのである。そうすると、この一帯には侮ることのできない勢力が固まっていただろうし、北部九州は彼らの反発を抑える必要がある。だから、北部九州は、「吉備までは鉄を流すが、ヤマトには渡さないように」という密約を結んだと考えられる。ヤマトの困窮を尻目に、吉備は弥生時代後期、急速に成長していく。

ただ、そうなると、もうひとつ難題が浮かび上がってくる。それが「出雲」で、瀬戸内海を北部九州のコントロール下に置いたとしても、山陰地方がヤマトに肩入れすれば、朝鮮半島→出雲→北陸→ヤマトへと、鉄は流れるだろう。そこで北部九州は、出雲にも鉄を流したと考えられる。やはり出雲は、吉備と並行して、弥生時代後期に発展していくし、多くの鉄器を手に入れていたのである。

問題はここからだ。

邪馬台国の卑弥呼の共立が二世紀後半から末のこと、そのあと、三世紀になると、突然ヤマトに鉄器が流れ込み、吉備や出雲、東海や北陸の勢力が集まり、巨人な都市が出現した。これが纏向遺跡で、ヤマトが建国されるのである。

いったいなぜ、後進地帯だったヤマトに、人びとは集まってきたのだろう。

それは、吉備や出雲が、「北部九州と交わした密約を反故《ほご》にした」からではなかったか。

戦略から解き明かす三世紀の動き

ここで、西日本の地理に注目してみれば、「ヤマトの特異性」にまず気づかされる。西日本の流通の屋台骨である瀬戸内海の東のへりにヤマトは位置し、瀬戸内海を睥睨《へいげい》するこの盆地が難攻不落の天然の要塞であるところから、瀬戸内海の流通を支配するためには、ヤマトが必要不可欠であることがわかる。

また、東西文物の交流という視点からみても、ヤマトの盆地は重要な意味を持っていた。仮に荷を積んだ船が北部九州から瀬戸内海を東に進み、東国に出ようとした場合、どのルートを選んだだろう。それはまず、大阪から淀川を遡り、伏見のあたりで荷を下ろしたあと、山階《やましな》から逢坂《おうさか》を越えて、琵琶湖《びわこ》に出るのが手っ取り早い。東海地方に行くには、大津から琵琶湖経由で不破《ふわ》（関ヶ原）という行程がある。信越地方にも、琵琶湖から峠をひとつ越えれば、天然の良港・角鹿（敦賀）に出られる。そして、このルートを確保するためには、ヤマトの盆地を確保する必要があったのだ。

このように、「西日本」だけではなく、東西日本の交流まで視野に入れると、ヤマトに都を置くことは、むしろ必然ですらあった。だからこそ、北部九州の首長層は、ヤマトが気になって仕方なかったのだろう。

しかもこのころ、日本海側の丹波や但馬の一帯が、独自の流通ルートを開拓し、朝鮮半島から鉄を持ち帰り、近江や東海地方に、先進の文物を送り込み、発展を促していた。筆者はこのルートを「タニハ連合」と呼んでいるが、彼らが北部九州の

「いじわる」を逆手にとり、ヤマト盆地に進出しようとしていた気配がある。纒向誕生のきっかけを作ったのは、タニハ連合であり、「東は後進地帯」と侮っていた「北部九州や西側の勢力」は、青ざめたにちがいない。

もし、ヤマトに巨大な王国が誕生したらどうなるか……。弥生時代後期の北部九州の首長層たちは、ヤマトの成長が、脅威になってきたのではあるまいか。その思いが、「鉄を渡してしまってはこちらが危なくなる」という発想につながっていったのだろう。

というのも、北部九州には、これまで語られることのなかった「地形上の欠点」が隠されていたからだ。それが、「日田《ひた》問題」なのである。

「日田」といっても、それほど名が通っているわけではない。大分県の西部、福岡県に接する日田盆地は、西側の文化圏、商圏でありながら、長い間東側に組み込まれてきた。現代では大分県と福岡県だが、かつての行政区分では、「トヨの国（豊国）」と呼ばれていたのである。

江戸時代になると江戸幕府が日田に注目し、ここを天領《てんりょう》に定め、北部九州ににらみをきかす直轄領にしたのだった。

なぜ徳川は、日田を選んだのだろう。

それは、筑紫平野の抱える防衛上のネックだったからだ。筑紫平野から見て日田盆地は、筑後川の上流に位置し、盆地にたどり着くまでには、狭い渓谷を登っていかなければならない。大軍で押し寄せても、伸びきった隊列に向けて、谷壁の上から矢を射かけられれば、ひとたまりもない。その逆に、日田の軍勢は、船で筑紫平野を急襲することができる。

いったん日田の地を東側の勢力に奪われれば、奪還は困難になる。そして、三世紀の日田には、「ヤマト」が、陣取っていたようなのだ。盆地を見下ろす北側の高台に、環濠《かんごう》集落の痕跡が見つかっていて（小迫辻原《おざこつじばる》遺跡）、これが、これまでの古代史観を根底から覆す可能性を持っていた。三世紀のヤマトの纒向遺跡とほぼ同時代の遺跡であったこと、ヤマトと山陰地方の土器が、流れ込んでいたのだった。しかも、纒向は三世紀後半に一度大発展を遂げるのだが、ほぼ同時に、小迫辻原遺跡も、規模を拡大しているから、まさしく日田は、ヤマトが戦略的に重視した拠点であり、北部九州に対する備えであったことは間違いない。

三世紀を通じて日田に「ヤマト」が拠点を造り、筑紫平野ににらみをきかせてい

ヤマトを恐れた北部九州

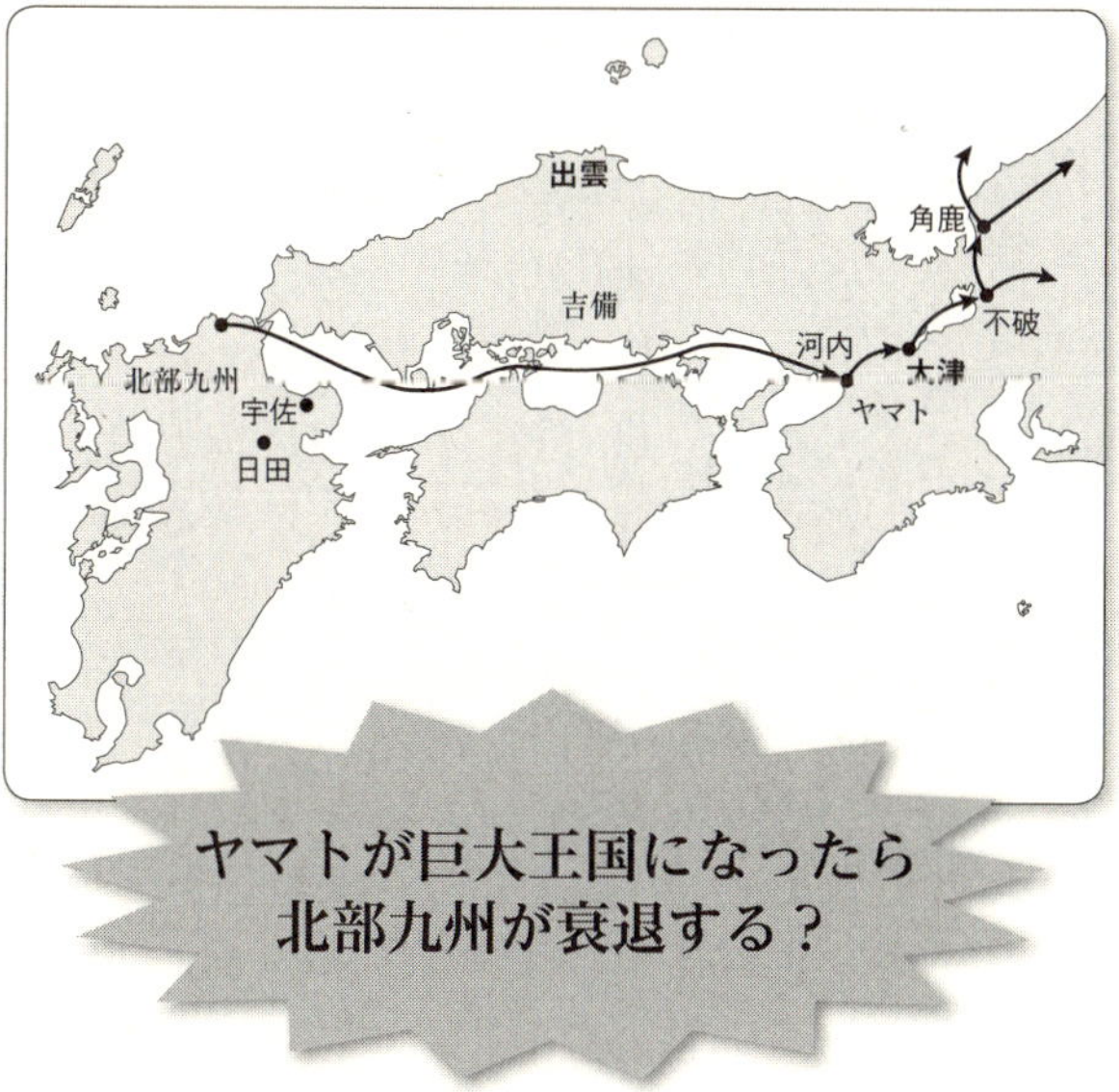

ヤマトが巨大王国になったら
北部九州が衰退する？

北部九州の要衝“日田”にヤマトの拠点が!!

守り易く攻め難い拠点から
筑紫平野ににらみをきかせていた

た意味は、とてつもなく大きい。古くは、「北部九州の勢力が東に遷ってヤマトは建国された」と考えられていたが、実際には、北部九州にいじめられていたヤマトが、反撃に出ていた疑いが強まるからである。

神功皇后の熊襲征伐はヤマトの反撃だった

三世紀の「ヤマトの反撃」は、じつは『日本書紀』にも記録されているように思えてならない。それが神功皇后の北部九州征討である。

この場面で、『日本書紀』は興味深い記事を載せている。それは、穴門豊浦宮《あなとのとゆらのみや》（山口県下関市）から北部九州の沿岸地帯をうかがっていた神功皇后は、いよいよ九州に乗り込もうとすると、沿岸地帯の首長たちが恭順してきたという。そこで神功皇后は、難なく橿日宮《かしひのみや》（香椎宮《かしいぐう》、福岡市）に移ることができたというのだ。

問題は、このとき恭順してきた北部九州の首長層たちの縄張りなのだ。それはちょうど纒向型前方後円墳の分布域と重なっているのである。纒向型前方後円墳とは、古墳時代に突入する直前のヤマトで誕生した前方後円墳の原型だ。そうなると、『日本書紀』に神功皇后が北部九州沿岸地帯の首長層から、恭順の意を引き出させたとあるのは、ヤマト建国の直前の様子と、まったく符合してくるわけである。そして、なぜ弥生時代の覇王・北部九州の首長層が、戦わずしてヤマトに靡《なび》いたのかといえば、それは、日田をヤマトに制圧されてしまったからだろう。そして、神功皇后は、一連の「ヤマトの戦略」を説話化したということになるのである。

ただし、神功皇后が、単なる神話ではなく、なにかしらの史実を反映していたのではないかと思えるのは、『日本書紀』に描かれた、その後の「足跡」が、じつに意味深長だからである。というのも、すでに触れたように、北部九州沿岸地帯を支配下においた神功皇后は、甘木《あまぎ》市付近の敵を破ると、一気に南下し、「山門県《やまとのあがた》の女首長を殺して引き上げてきた」というのである。

繰り返すが、神功皇后は「邪馬台国の時代の人」と『日本書紀』はいい、実際、多くの場面で、この女人は「トヨの女神」と接点を持っていた。「トヨ」で思い浮かべるのは邪馬台国の卑弥呼のあとを継いだ女王・「台与《とよ》」である。

その「台与と接点があって、邪馬台国の時代の人と『日本書紀』のいう神功皇后」が、邪馬台国北部九州説の最有力候補地＝山門の女首長を殺したのである。これは、「ヤマトの台与による山門の卑弥呼殺し」ではあるまいか。『日本書紀』はこの遠征を、「熊襲征伐」と位置づけているが、熊襲（隼人）は南部九州の人びとであり、山門は福岡県西南部でかけはなれた場所だ。この北部九州の山門の女首長を討ち取ってきびすを返しているのだから、神功皇后の本当の敵は、山門の女首長であり、これこそ、邪馬台国のヒミコであろう。

江戸時代の国学者・本居宣長は、邪馬台国のヒミコは中国の魏《ぎ》に使いを出して、自分たちが本当のヤマトであると「偽僭《ぎせん》（偽りの報告）」したのではないかと推理している。この考えがそのまま支持され続けていれば、現代の邪馬台国論争など、興らなかったのではなかったか。邪馬台国偽僭説を当てはめると、考古学の指摘する三世紀の動勢と『魏志』倭人伝と『日本書紀』の謎が、すべて説明がついてしまうからである。

ヤマトに人びとが集まるきっかけ

そこでもう一度、三世紀の纏向で起きていたことを、おさらいしてみよう。

神功皇后による九州上陸の最初の地、香椎宮（福岡市）

まず、ヤマトには、吉備、出雲、東海、北陸、近江から文物が持ち込まれ、人びとが集まってきたのだった。そしてそのなかでも、吉備と出雲が大きな地位を占めていたと考えられる。その後やや遅れて北部九州が加わり、ヤマトは完成する。

すでに触れたように、纒向ができたころから、ヤマトに大量の鉄が流入する。それ以前のヤマトは後進地帯だった。ではなぜ、人びとは「何もないヤマト」に集まってきたのだろう。

謎めくヤマト建国を解き明かすためのヒントは、何といっても「鉄」である。

北部九州は、

「ヤマトに鉄が流れ込んだら、われわれの繁栄は終わる」

と考え、関門海峡の通交を制限した。当初吉備や出雲は、「鉄の分け前」をもらえるから、北部九州の策に乗った。だが、何かをきっかけに、吉備と出雲は北部九州を裏切り、ヤマトに新たな勢力をまとめ上げてしまったわけである。

邪馬台国北部九州論者は、「鉄器の所有量の差」から、「北部九州が東に遷ってヤマトは建国された」といって譲らないが、瀬戸内海、山陰、東海、北陸の人口を無視することはできない。器が多いからといって、北部九州勢力が他を圧倒できたわけではないだろう。それに、北部九州と「東」が対立した場合、地勢上の不利を北部九州が背負っていたことは、すでに触れた。それがわかっていたからこそ弥生時代後期の北部九州は、鉄器の流通をコントロールしたわけである。

一方、鉄器の利便性に気づいてしまった人びとは、北部九州の鉄器の寡占《かせん》状態を打破すべく立ち上がったのではなかったか。北部九州から東の人びとにすれば、

「ヤマトに有志を集めて北部九州に対抗すれば、勝算は十分にある」

と判断したに違いないのだ。

しかも、他の拙著の中で詳述したように、ヤマトに人びとが集まりはじめるきっかけがたしかにあったように思えるのだ。それが、伽耶王子（新羅王子）アメノヒボコ（ツヌガアラシト）の存在である。

『日本書紀』や『古事記』の話を総合すれば、アメノヒボコは第十代崇神天皇の崩《ほう》御《ぎょ》（死）の前後に来日していたことになる。崇神天皇はヤマト建国時の実在の大王とされているから、この記述を信じれば、アメノヒボコは四世紀頃の人ということになろう。

ヤマト建国の最大の功労者・アメノヒボコ

ところが『風土記』には、アメノヒボコが出雲神と戦ったという記述が残されている。こちらを採れば、アメノヒボコはヤマト建国の直前に来日したということになる。

どちらの記述を信用すべきかというと、『風土記』であろう。『日本書紀』は、ヤマト建国を「初代神武」「第十代崇神」「第十五代応神（神功皇后の息子）」の三人の大王の話に分解して、真相を闇に葬っている。だから、第十代崇神天皇の後の話であっても、応神天皇が北部九州からヤマトに「東征」する以前の説話がアメノヒボコなのである。

問題は、「鉄の国からやってきたアメノヒボコ」が但馬《たじま》（兵庫県豊岡市周辺）と敦賀に拠点を造ったこと、さらに、但馬の四世紀の古墳（豊岡市の入佐山《いるさやま》三号墳）に、砂鉄が副葬されていたことである。

現在発見されている日本最古の製鉄遺跡は、三世紀の小丸遺跡（広島県三原市）

とされている。ただし、製鉄の原料は鉄鉱石なのだから、砂鉄は大きな謎であり、逆に大きなヒントでもある。

砂鉄を使った製鉄は、その後の日本で主流となっていくが、それ以前、中国や朝鮮半島で同様の技法が用いられていたかというと、いまだに科学的に証明されていない。鉄鉱石が豊富に採れた地域では、わざわざ砂鉄を用いることはなかったのだろう。その理由は、中国が石炭で製鉄をし、日本では木炭を使っていたことと無縁ではなさそうだ。木炭の発熱量は石炭を上回る。だから、大陸には砂鉄製鉄が存在したとしても、それは例外中の例外であった可能性が高い。

そうなると、なぜ但馬の四世紀の首長の体のまわりに、砂鉄が副葬されたというのだろう。これは、日本で砂鉄製鉄が始められていたからではなかったか。

もちろん、砂鉄による製鉄の技術を開発したのは、朝鮮半島からやってきたアメノヒボコであったろう。アメノヒボコは但馬と敦賀（角鹿）の地に拠点を造ったが、これには確かな理由があったと考えられる。というのも但馬→敦賀→琵琶湖→宇治川→宇治→木津→ヤマトと、水運をメインにした鉄の流通ルートを確保できるのだ。

て、窮鼠《きゅうそ》猫《ねこ》を嚙むではないが、追いつめられたヤマトがアメノヒボコの知恵を借りて、砂鉄による「純国産」の鉄器の製造に成功していたとしたら、それまで「鉄器を通せんぼしていた国々」は、青ざめたはずである。

もちろん、大量生産が可能になったといっているのではない。朝鮮半島から鉄鉱石を輸入しなくても、ヤマトは鉄器を作っている、という「情報」が独り歩きするだけでよかったのである。

ヤマト建国の最大の功労者は、「砂鉄とアメノヒボコ」だったのではないか。

古代の日本は資源大国だった？

アメノヒボコの正体については、拙著『海峡を往還する神々』（PHP研究所）の中で詳述した。『日本書紀』には、この人物が朝鮮半島南部からやってきたと記録されているが、単純な渡来人ではないと、筆者は考えている。結論を先に言ってしまえば、こちらからあちら（朝鮮半島）に行った人物（脱解王《だつかいおう》）の子（末裔）が、こちらにもどってきたのである。

なぜこのようなことが言えるのか、少し説明しておかなければならない。弥生時代の朝鮮半島南部には、各地から「鉄」を求めて人が集まっていたといくつかの文書に記録されていて、その中には倭人も多数含まれていた。

たとえば『三国志《さんごくし》』魏志東夷伝《ぎしとういでん》には、次のようにある。

国は鉄を出す。韓《かん》、濊《わい》、倭《わ》皆従《したがい》て之《これ》を取る。諸市買うに皆《みな》鉄を用う

このような、日本列島から海を渡って製鉄を生業にした人びとの末裔が、アメノヒボコではないかと指摘しておいたのだ。具体的に言っておくと、『三国史記』に記録されている「海の外からやってきて新羅の王になった脱解王」の末裔がアメノヒボコと考えられる。

もちろん、脱解王そのものは伝説上の人物にすぎないと一般には考えられている。しかし、『日本書紀』に登場するスサノオが、脱解王やアメノヒボコとそっくりなことを見逃すわけにはいかないのである。

たとえば、『日本書紀』神代第八段一書第四の中でスサノオは、はじめ新羅に降

りたという設定になっている。このことから、スサノオを「新羅からの渡来人」と考える説が目立つが、そうとも言いきれない。

スサノオは植物の種をたくさん携えて子どものイタケルと共に韓地《からくに》に舞い降りたが、かの地には蒔かず、「この地には住みたくない」といって、日本にやってきたという。そして、日本全国に種を蒔いて、青々とした国土を作り上げたというのである。

まずここで確認しておきたいのは、『日本書紀』の編者は、「新羅嫌い」だということで、その理由はここでは詮索しないにしても、『日本書紀』は「親百済派」の歴史書ということなのである。単純な「新羅嫌い」ではない。百済と新羅は、国境を接した宿念のライバルだった。その新羅嫌いの『日本書紀』が、「天皇家の敵」としての出雲神の根っこに立っていたスサノオを、「新羅から渡来した邪神《あしきかみ》」と罵らなかったのは、スサノオが新羅の人ではなかったからだろう。だからこそ、スサノオは樹木の種を日本に植えたわけである。

一見して牧歌的に見えるこの説話も、深い背景を抱えている。

まず、八世紀の段階で、日本列島と朝鮮半島では、「森の深さに差があった」ことは確かで、その理由を『日本書紀』は、神話の時代に、「スサノオが日本に種を蒔いたから」と説明しているわけである。

この「樹木に満ちあふれていた」ことをなぜ『日本書紀』が特記したかというと、冶金《やきん》には大量の燃料を必要とするからで、早くから金属器を製産していた中国大陸や朝鮮半島では、燃料の森を早い段階で失っていたのである。

これは余談ながら、劉備玄徳《りゅうびげんとく》や諸葛孔明《しょかつこうめい》の活躍する『三国志演義《さんごくしえんぎ》』の時代は、邪馬台国とほぼ同時代なのだが、なぜ中国が三つに分裂して争っていたかというと、気候変動、天変地異によって、人口が激減し、国土も荒廃していたからである。その原因は、冶金のための森林伐採だった。木を伐りすぎて、文明が滅びたのである。

朝鮮半島に渡り、帰ってきた人びと

それはともかく、スサノオが日本の樹木を「浮宝《うくたから》」と称賛し重視しているのは、この神が「製鉄の神」でもあったからだろう。

スサノオが最初に宮を造ったのは「スガ（清地《すが》、須賀《すが》）」という場所で、門脇禎二《かどわきていじ》氏は「スガ（スカ）は菅の生える湿地」「砂洲《さす》のある浄地」を意味していると指摘している。奈良の「アスカ（飛鳥）」は、「スカ」に接頭語の「ア」がついてできた地名であるといい、やはり飛鳥は「水の都」であった。

スサノオが「スガ＝湿地帯」の地に宮を造ったのは、湿地帯の水草の根っこにこびりつく褐鉄鉱《かってつこう》（古代人はこれを「スズ」と呼んでいた）を製鉄に用いたことがひとつの原因かもしれない。

もうひとつ、スサノオは、海や川に堆積した砂鉄を取る男だから、「渚沙《すさ》の男」なのではないかとする説もある（吉野裕『風土記　東洋文庫一四五』平凡社）。また、スサノオの八岐大蛇《やまたのおろち》神話が、冶金と密接に関係していたという話は、よく知られている。どこからどう見ても、スサノオは「鉄の男」である。

スサノオにこだわったのは、スサノオが新羅と製鉄にかかわりを持っていたこと、そうかといって、この神が「新羅からやってきた」のに「新羅人だった」とは、記されていなかったからだ。

ではなぜ、スサノオははじめ新羅に舞い降りていたのだろう。鍵を握るのは、アメノヒボコの背後に隠されていた脱解王である。

問題のアメノヒボコは、新羅の王子であったと明記されていたが、その一方で、「天日槍《あめのひぼこ》（天日矛《あめのひぼこ》）」と、日本的な神の名を与えられていた。ツヌガアラシトという名がありながら、なぜ「天」「日」「槍（矛）」と、一級品の名を与える必要があったのだろう。しかも、太陽神をイメージさせる名であり、「新羅嫌い」の『日本書紀』が、なぜ新羅王子の名を称えたのか、真意がつかめないのである。

だが、アメノヒボコの追ってきた童女が、「父の国に帰ります」と言って日本に向かい、これをアメノヒボコが追いかけてきたところに、真相が隠されていよう。「父の国」とは、童女のみならず、アメノヒボコにとっても同様だったと考えられる。つまり、アメノヒボコは、鉄を求めて朝鮮半島に渡り、のちに燃料を求めて日本に戻ってきた「鉄の男たち」だったのだろう。

伝説の人物・脱解王は「鍛冶《かじ》」だったといい、しかも倭国の東北の「多婆那国《たばなこく》」から朝鮮半島に渡ったと記録されているが、「タバナ」はアメノヒボコが拠点を造った「タジマ、タンバ」によく似ている。アメノヒボコは「父の国」にもどってきたのだろう。そして、新たな鉄の王国を、但馬に作り上げ、ヤマト建国に貢献したと考えられる。

ヤマト建国の歴史

　アメノヒボコと神功皇后の歩んだ道程は、気味が悪いほど重なっているという指摘がある（『増補日鮮神話伝説の研究　三品彰英論文集　第四巻』三品彰英　平凡社）。なぜかといえば、アメノヒボコが追いかけた童女が、神功皇后だったからではないか。

　すでに触れたように、アメノヒボコが追った童女・比売語曾《ひめこそ》はトヨの国へ向かったといい、この地の香春神社の祭神は、辛国息長大姫大目命《からくにおきながおおひめおおめのみこと》とも、辛国息長比売《からくにおきながひめ》とも呼んでいたのである。

　神功皇后の名は息長足姫命で、比売語曾の別名＝辛国息長比売とそっくりなのはなぜだろう。アメノヒボコと神功皇后は、御先祖様と末裔ではなく、手を携えて暴れ回った古代史最大の英雄だったのではあるまいか。もちろん、彼らはよきパートナーである。

アメノヒボコとそっくりな人びと

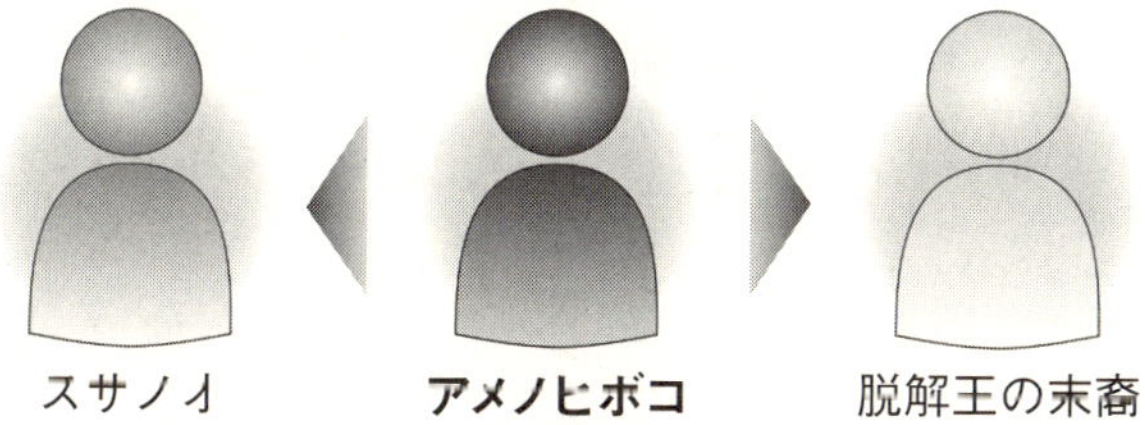

朝鮮南部（鉄の国）からやってきた

製鉄の技術を伝える？

但馬と敦賀（角鹿）に拠点を設ける

ヤマトがアメノヒボコの知恵を借りて鉄を生産

神功皇后の子の応神が角鹿の神と名を交換したという謎めいた話も、角鹿の神＝アメノヒボコが本当の父だったからと考えると、矛盾がなくなる。

後にふたたび触れるが、アメノヒボコは天孫降臨《てんそんこうりん》に際し、天八達之衢《あまのやちまた》に出現するサルタヒコとそっくりだ。サルタヒコは嚮導《きようどう》の神（導く神）で、この属性は塩土老翁《つつのおじ》（住吉大神）のそれである。

住吉大社の伝承では、仲哀《ちゆうあい》天皇の亡くなられた晩、住吉大神と神功皇后は、夫婦の秘め事をなしたというのである。それは、アメノヒボコと神功皇后が、夫婦であったこと、これを『日本書紀』があらゆる手段を駆使して抹殺してしまったから、住吉大社が、苦肉の策で、真相を吐露《とろ》したということでしかないだろう。

アメノヒボコと神功皇后の関係こそ、『日本書紀』が抹殺しなければならない古代史最大の秘密だったのではあるまいか。なぜなら、両者の関係がはっきりとしたところで、ヤマト建国と邪馬台国をめぐる、ひとつのはっきりとした図式を用意することができるからである。

以下、ヤマト建国に至る私見の概要を記しておこう。

まず、ヤマト建国を解き明かすためのキーワードは、「鉄」であったことを、はっきりとさせることができた。弥生時代後期の北部九州は、「いったんヤマトが鉄を握ってしまえば、太刀打ちできなくなる」と読んだ。そこで関門海峡を管理下に置き、「吉備と出雲には鉄を回すが、ヤマトには流さない」という策に出た。だから、ヤマトは干上がり、没落したのだろう。

ところが、古墳時代に突入する直前、朝鮮半島南部に進出し、「鉄の技術」を習得したアメノヒボコが、但馬に拠点を設け、鉄の生産を開始し、近江、東海、ヤマトに鉄を送りはじめたに違いない。筆者の言う「タニハ連合」の成立である。

零細な規模だったかもしれないが、「タニハ連合が鉄を自給しはじめ、ヤマトが発展している」というニュースは、世間を震撼させたのだろう。出雲と吉備は、北部九州を見限り、タニハ連合とともに、ヤマトに拠点を作り始めたのだ。三世紀の纒向は、こうして生まれたわけである。

ただし、出雲と吉備の間には、微妙な温度差があった。纒向建設に最も積極的だったのは吉備で、特殊器台形土器《とくしゅきだいがたどき》や前方後円墳の原型をヤマトに持ち込み、纒向型前方後円墳を作り上げ、纒向建設の主導権を握っていたようだ。

逆に出雲は、北部九州を孤立させないようにと、「纒向を北部九州に売り込む」

という作業に着手していたと思われる。なぜこのようなことがいえるかというと、北部九州の沿岸地帯には、纒向型前方後円墳が、かなり早い段階で広まっていたこと、この地域は、出雲との交流があったからだ。

このことは、神社伝承の中で、「宗像神ははじめ出雲にいて、移ってきた」とあること、その宗像神の鎮座する宗像大社が、北部九州でも「東側の領域」に含まれていたことから類推できる。つまり、博多周辺の「弥生の王国群」よりも「東寄りの文化」を持った宗像の地域に、出雲が拠点を造っていた可能性が見出せるのである。

おそらく、北部九州沿岸地帯の首長層は、「日田」というアキレス腱を抱えている以上、「東が団結すれば、北部九州に勝ち目はない」と判断し、めざとく「利」を取ったということだろう。

このあたりの事情は、『日本書紀』にいうところの神功皇后の熊襲征伐と、うまく符合してくる。豊浦宮（山口県下関市）に拠点を置き北部九州に移動した神功皇后の前に、北部九州沿岸部の首長たちは次々と恭順してきたという。

ここでまず注意しておかなければならないことは、神功皇后が、ヤマトからではなく、角鹿から出雲を経由して北部九州に赴いていることだ。『日本書紀』がこの不可解な行程を強調しておいたのは、神功皇后が「ヤマトの吉備」出身ではなかったことを暗示している。つまり、瀬戸内海側ではなく、日本海側の利益を代表して北部九州に赴いていたということになる。

『日本書紀』によれば、神功皇后は福岡県甘木市付近まで南下したあと、一気に山門県の女首長を攻め滅ぼし、反転して新羅に向かったという。

この話、「山門の卑弥呼をヤマト（大和）のトヨが殺した」ことを意味していよう。沿岸地帯の恭順を尻目に、筑紫平野を支配するための高良山《こうらさん》を抱えた山門のヒミコは、最後まで抵抗をあきらめなかったということだろう。

こうして、北部九州首長連合の、ヤマト封じ込め作戦は、裏目に出たのである。

中国王朝の後ろ盾を失ったトヨ

ところが、これで西日本が一枚岩に固まったわけではない。神功皇后が日本海側から出現したことが、悲劇を生み出すのだった。

纒向建設の主導権を吉備が握っていたこと、日本海勢力（出雲やタニハ）は北部九州との関係を強めようとしていたところに、ヤマト分裂の危険要因が隠されていたのだ。

すでに述べてきたように、新たに発足したヤマト政権は、多くの地域の集合体だった。当然、「誰が王になるか」「誰が新しい政権の中心に立つのか」その主導権争いが勃発したことだろう。そして、弥生時代後期に互いに牽制し合っていた地域でも、利害が一致すれば、今度は手を結んだだろうし、ヤマトが国の中心になったことで、各地の首長は、次第に「古いつきあい」から解き放され、「新しい枠組み」を求めていったことだろう。そして、ふたつの利害の対立が生まれたのだ。すなわちそれが、瀬戸内海と日本海のどちらが流通を支配するかであり、いったんは、吉備出身のニギハヤヒが王に立ったのだろう。

吉備（ニギハヤヒや物部氏）がヤマトに固執したのは、吉備が「古代版ハイウェイ・瀬戸内海の覇王」だったからである。

北部九州が「纒向側」に靡《なび》いてくれれば、瀬戸内海を支配する吉備が、ヤマトの中心（ようするに王家になれるということ）に立てると彼らは踏んでいただろうし、事実『日本書紀』は物部氏の祖のニギハヤヒがヤマトに舞い降り、土着の首長・長《なが》髄彦《すねびこ》を配下におさめ君臨していたといっている。物部氏はヤマト黎明期の王だった。

ところが、計算が少しずつ狂ってくる。纒向に最後まで抵抗した邪馬台国の卑弥呼が、魏に朝貢していたこと、親魏倭王《しんぎわおう》の称号を獲得していたことが、ボディブローのように効いてきたのだ。親魏倭王を殺してしまったということは、大国・魏を敵に回すということで、この難題を解決するために、「トヨを卑弥呼の宗女に仕立て上げ、あらためてトヨの国が倭国であることを魏に報告する」という案が、捻出されたのではあるまいか。

もちろん、ヤマトの吉備にとっては、受け入れがたい策である。だが、混乱を経て、しぶしぶ従ったのではなかったか。

吉備には、ひとつ、弱点があった。それは、「日本海と北部九州が手を結んで、関門海峡を封鎖すれば、瀬戸内海はふたたび死に体となる」ということである。もちろん、日本海と北部九州にその気があったかどうかはわからない。しかし、図式的には、「日本海＋北部九州VS瀬戸内海」の図式が、このときにできあがっていたのである。

いずれにせよ、多くの混乱ののち、トヨ（神功皇后）は、王となった。ところが、西暦二六五年に魏が滅亡し、西晋《せいしん》が建国されたことが、トヨの悲運だった。親魏倭王の称号は、まったく意味を失ったのである。

西暦二六六年に、倭国王は西晋に朝貢したが、特別歓迎されたわけではなさそうだ。西晋は、魏ほど朝鮮半島や倭国に関心を示していなかったのである。

トヨは一転ピンチに立たされる。中国王朝の後ろ盾を失ったからである。

ちなみに、トヨ（日本海＋北部九州）とヤマトの吉備（瀬戸内海）の相剋を、『日本書紀』は正確に記録していない。その代わり、神話と神功皇后伝説のふたつに分解して語っているのだが、問題は、日本海勢力を神話の「出雲」と、ひとくくりにまとめてしまったと思われることだ。ここがはっきりとわからなかったから、ヤマト建国の真相を解明できなかったのだ。そこでここから、ヤマト建国前後に瀬戸内海勢力と対峙する日本海勢力を、便宜上『日本書紀』に合わせて「出雲」と呼ぶことにする。

ヤマトに裏切られたトヨ

ここに、ヤマトの吉備は、反撃に出た気配がある。そう思う理由は、いくつかある。

『日本書紀』応神天皇九年夏四月の条には、このあたりの事情を記録したのではないかと思える一節がある。

それによれば、この年、武内宿禰を九州北部の筑紫に遣わして民情を視察させたという。このとき、武内宿禰の弟、ウマシウチ（甘美内宿禰《うましうちのすくね》）が裏切り、天皇に次のような讒言《ざんげん》をした。

「武内宿禰は常に天下を狙っております。聞くところによりますと、九州で密かに謀略をめぐらし、九州を独立させ、三韓と盟約を結び、天下を取ろうとしています」

さて、この『日本書紀』に描かれたウマシウチの讒言は、神功皇后と武内宿禰の置かれた情況を絶妙に物語っていたとはいえないだろうか。

たとえば、ウマシウチは武内宿禰の弟とあるが、ニギハヤヒの子がウマシマヂで、名前がそっくりだったことは、偶然ではあるまい。

武内宿禰は神功皇后の忠臣として、常に身辺に付き従っていた。この人物が何者なのかについては、後にふたたび触れるが、問題は、『日本書紀』の一連の説話の裏側には、「北部九州の武内宿禰が、ヤマトの物部（吉備）に裏切られた」という歴史が隠されていたのだろう。この図式、そのまま「ヤマトに裏切られたトヨ」に通じる。

ヤマトの吉備がトヨを追いつめたのではないかと思える理由はもうひとつある。実在したとされるヤマトの初代王・第十代崇神天皇の時代、「出雲」が徹底的にいじめられているからだ。『日本書紀』には、出雲に使者が遣わされ、神宝の検校《けんぎょう》（検査し監督すること）が行われ、刃向かう者は成敗されたと記録されている。しかも、出雲いじめの主役は「物部と吉備」であったところに、大きな暗示が込められている。

さらに、出雲の隣国石見《いわみ》には、物部神社があって、ヤマト建国ののち、物部氏の祖・宇摩志麻治命《うましまぢのみこと》がこの地に拠点を造ったという。

出雲と吉備が並び立つことは不可能だった!?

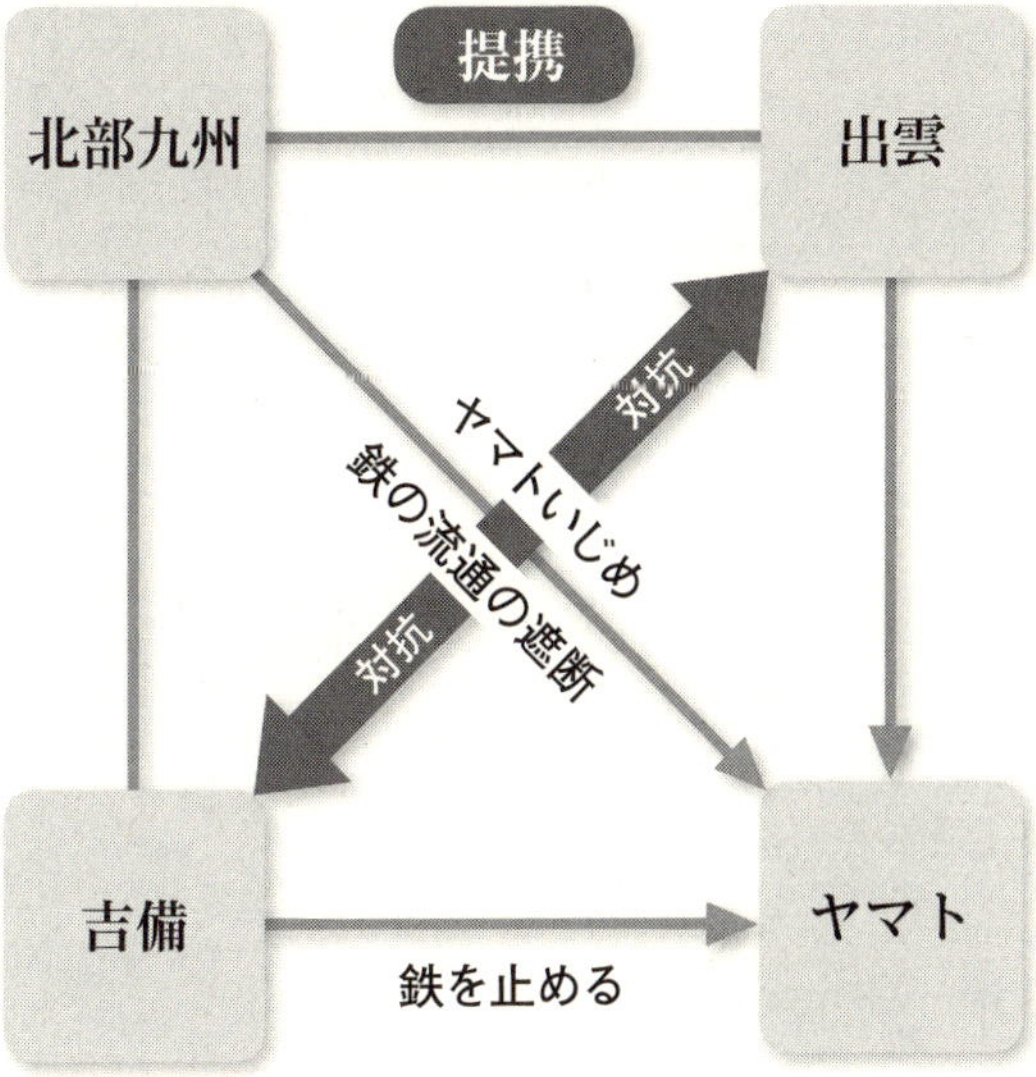

トヨ（神功皇后）と
出雲が敗れる

その直前、宇摩志麻治命は、物部と緊密な関係にあった尾張氏の祖の天香語山《あまのかごやまの》命《みこと》と越《こし》に赴き、この地を平定している。天香語山命はそのまま留まり（新潟県西蒲《にしかん》原《ばら》郡の弥彦《やひこ》村）、宇摩志麻治命はさらに石見にやってきたのだという。

問題は、天香語山命と宇摩志麻治命の占拠したポイントで、これは、弥生時代後期の出雲の四隅突出型墳丘墓《よすみとつしゅつがたふんきゅうぼ》の分布域を挟み込んでいることである。やはり、「物部（瀬戸内海）」は、「出雲（日本海）」を封じ込めていたのである。

ヤマト建国は、北部九州のヤマトいじめに端を発していた。鉄の流通を支配しようと目論んだ北部九州の思惑が裏目に出たのだ。けれども、纒向にいくつもの地域が集まってきた様子をみればわかるように、ヤマトもその黎明期に、激しい主導権争いを巻き起こしていたに違いない。そのなかでも一歩リードしていたのは吉備で、二番手が出雲である。

出雲にすれば、瀬戸内海を支配する吉備がヤマトを牛耳れば、太刀打ちできないと考えただろう。日本海も水運の動脈だが、気候の変動によって、通交が困難となる。特に、冬季の荒海は、障害である。だから、北部九州と手を組むことで、影響力を維持する策に出たのだろう。しかし、すべては水泡に帰したのである。

弥彦神社（新潟県西蒲原郡・上）と弥彦山山頂の天香語山命廟（下）

出雲と吉備が並び立つことは不可能だったのだ。結局トヨ（神功皇后）と出雲は、吉備によって追い込まれたのである。神話にいう「出雲の国譲り」の真実は、この「吉備の出雲いじめ」にほかなるまい。

目のまわるような推理に、多少辟易《へきえき》された方もおられよう。しかし、神功皇后をトヨと結びつけることで、多くの謎が解けてくることも確かなことなのである。『魏志』倭人伝の記述が、北部九州西地域に集中し、そこから東側をほとんど無視していたのは、邪馬台国の卑弥呼の敵対国だったからであろう。卑弥呼の敵は北部九州東側地域だけでなく、その奥にはヤマトや出雲がひかえていたはずである。卑弥呼の邪馬台国は、この劣勢を外交戦によって切り開こうとしたのではあるまいか。つまり、魏にいち早く報告し、卑弥呼の勢力よりも強大な集合体が存在したことを隠し、倭の女王を自称することによって、卑弥呼は親魏倭王の称号を獲得することができたのであろう。

この称号の重みは、ヤマトに危機感を抱かせたに違いない。もしヤマトが邪馬台国を攻撃すれば、魏を敵に回すことに直結するからである。しかし、ヤマトは、トヨ＝神功皇后というシャーマンを九州に差し向け、一気に攻め滅ぼすと、今度は卑弥呼の宗女と称して、王権を丸ごと乗っ取るという大胆な王権すり替え作戦に出たのであろう。

それではなぜ、『日本書紀』は卑弥呼を神功皇后だったかもしれないと、曖昧な記述を採ったのだろう。それはこののち触れるように、トヨがヤマト建国に貢献しながら、ヤマトに裏切られたからではあるまいか。その一方で、トヨを伊勢神宮で豊受大神として祀らざるをえなかったのは、裏切られたトヨが、祟る恐ろしい女神だったからであろう。

鳥・籠・巫女の要素を兼ね備えたトヨ

中国の歴史書は、卑弥呼、トヨのふたりを記録したあと五世紀に至るまでは、倭国の王についてまったく触れていない。これは、倭国の遣使がぱったりと止んでしまったからかもしれないが、一方『日本書紀』は、トヨをまったく無視し、邪馬台国からヤマトへという歴史の流れを神話の世界に封印し遮断してしまっている。『日本書紀』の編者は『魏志』倭人伝の記事を引用しているのだから、彼らは、明らかに何らかの目的を持ってトヨを歴史から抹殺していたのである。

『日本書紀』の編纂《へんさん》は西暦七二〇年、卑弥呼の死は三世紀半ば、五百年間の空白が歴史の忘却の原因とするのが一般的な考え方であろう。しかし、それは違うと思う。たった五百年間である。今から五百年前といえば、南北朝から室町時代にかけてのことで、後醍醐《ごだいご》天皇が新田義貞《にったよしさだ》、足利尊氏《あしかがたかうじ》、楠木正成《くすのきまさしげ》らの力を得て鎌倉幕府を倒した建武《けんむ》の中興《ちゆうこう》はさらに遡り、一三三三年のことであった。

現在から六百年以上も前のこれだけ鮮明な歴史が残っているのは、正史がそれを記録したからだけではない。人の恨みがそうさせるのである。そして勝者は、この恨みの根元、汚れた手を洗い流そうとする。これが歴史の法則でもある。

とすれば、トヨの抹殺は強く疑っていいし、トヨを取り巻くおとぎ話の数々をそう軽々しく扱ってはなるまい。

このトヨの時代に、畿内のヤマトに巨大な前方後円墳が出現し、ヤマトは建国される。『日本書紀』は、このあたりのいきさつを、ウマシウチと武内宿禰の確執という話にすり替え、真相を闇に葬ったのであろう。そして、トヨ（神功皇后）は、豊受大神と称えられ、伊勢神宮に祀られたに違いない。

その一方で豊受大神が『日本書紀』に記録されなかったのは、鳥（天の羽衣）、籠《かご》、巫女というモチーフを持った女人トヨの悲劇を、抹殺せざるをえなかったからだろう。とするならば、トヨ（豊受大神）の悲劇は、文字には残せない口碑《こうひ》伝承となって、カゴメ歌が生まれ、語り継がれてきたとはいえないだろうか。

裏切られたトヨはどこに消えたのか

では、トヨはヤマトに裏切られて、そのまま滅亡したというのだろうか。そうではないようだ。北部九州でヤマトの軍勢に襲われトヨの一行（神功皇后や武内宿禰、そして御子たち）は、南部九州に逃れていた可能性が高い。なぜそう思うのか、説明していこう。

北部九州のアキレス腱＝「日田」に対処する北部九州の要衝《ようしょう》は、高良山《こうらさん》である。だから、ヤマトとの間に緊張が高まれば、トヨは高良山一帯に陣を張っただろう。それでも敗北したのなら、彼らは筑後川を一気に下り、海に飛び出していったはずである。

そこで九州の地図をひろげてみると、九州の西側を南下する航路は、多島海が続いていることに気づかされるはずだ。そのまま沿岸をなぞるようにして南下すれば、容易に薩摩《さつま》半島にたどり着くことができる。

勘のいい方ならここで「ひょっとして」と思われるに違いない。そう、このルートは、天孫降臨ルートをかすっているのだ。

『日本書紀』神代下第九段本文（ようするに天孫降臨神話だ）には、次のようにある。皇祖神ニニギ（天津彦彦火瓊瓊杵尊《あまつひこひこほのににぎのみこと》）は、天上界（高天原《たかまのはら》）から筑紫《ちくし》の日向《ひむか》の襲《そ》の高千穂峰《たかちほのたけ》に舞い降り、その直後、丘づたいに徒歩で、「笠狭碕《かささのみさき》（野間岬《のまみさき》）」に向かった。これは、薩摩半島の「角」のような出っ張りの部分だ。

皇祖神が天上界から山に降りてきたというのは明らかな作り話である。それならば、もし天孫降臨が、何かしらの史実を元に説話化されたとすれば、天孫族の最初の第一歩は、野間岬だったはずだ。だからこそ、天孫降臨の山から、わざわざ歩いて岬を目指したという設定が取られたのだろう。

さて、もうひとつ興味深い事実がある。それは、『日本書紀』神代下第九段一書第一のニニギが高千穂に舞い降りる直前の、天八達之衢《あまのやちまた》での事件である。

高良山中腹にある高良大社（福岡県久留米市・上）と天孫降臨の地、高千穂峰（鹿児島県・下）

ニニギらの前に衢神《ちまたのかみ》が立ちはだかった。鼻が長く、背が高く、口のわきが光っていた。目は八咫鏡《やたのかがみ》のようで、照り輝いていたという。

使いを出して名を問い質しても眼力で圧倒されて、もどってきてしまう。そこで選ばれたのが、天鈿女命《あまのうずめのみこと》だった。天鈿女命は衢神の前で、服をはだけ胸を見せ、大笑いした。不思議に思った衢神が、その理由を尋ねると、天鈿女命はひるむことなく、逆に名を問い質した。すると衢神は、サルタヒコと名乗り、天照大神の御子を迎えに来たという。

こうしてサルタヒコは、ニニギを導き、筑紫の日向の高千穂峰に、そして自らは伊勢の狭長田《さなだ》の五十鈴川《いすずがわ》の川上に行く、というのである。

トヨの身辺にたむろするサルタヒコ

なぜサルタヒコに注目するかというと、この男に似ている人物が、トヨの周辺に大勢いるからである。

まずここではっきりとさせておきたいのは、サルタヒコには太陽神の性格が備わっていることで、それは「光っている」「輝いている」だけではなく、「鼻が長い」という特徴からもいえることだ。

サルタヒコはのちに天狗《てんぐ》と習合していくのだが、サルタヒコの長い鼻は、男性のシンボルでもある。そしてそもそも太陽は「陽」で、男性の性格を持っている。輝くサルタヒコの長い鼻が強調されたのは、この神が太陽神だからだろう。天鈿女命がサルタヒコの男根（鼻）の前で裸体をさらけ出したのは、天鈿女命が女性のシンボル的存在だからである。

ここまでわかってくると、あとはするりと謎が解けてくる。

サルタヒコの鼻が長く、各地の祭りでは「矛（陽のシンボル）」を持たされた。しかも太陽神の性格が強いということは、「天八達之衢」の「太陽神」で、「矛」を持っているのだから、これを縮めると、「天日矛（槍）」となる。

興味深い事実はまだまだ沢山ある。

鹿児島県や宮崎県南部の天孫降臨の舞台となった地域の祭りでは、弥五郎《やごろう》ドンという竹で作った人形が先導する。

弥五郎ドンの正体は武内宿禰、という言い伝えがあるのだが、その出で立ちは、巨大な瘦軀《そうく》、異形の面を被り、矛を捧げ持つというもので、弥五郎ドンは毎年祭りに引っ張り出される。これが浜降りで、水辺に出て穢れを祓い落とすという儀式なのだが、伝承によればこれは弥五郎ドンが、母・神功皇后に会いに来ているのだという。弥五郎ドンは天日矛やサルタヒコに似ている。

サルタヒコは色々な場面に登場している。『日本書紀』第九段一書第四の事勝国《ことかつくに》勝長狭《かつながさ》という神は、サルタヒコとよく似た行動をしている。しかも、この人物は塩《しお》土老翁《つつのおじ》のことだというのだ。また同段には、出雲の国譲りとサルタヒコの思わぬ関係が記されている。まず本文には、大己貴神《おおあなむちのかみ》（大国主神）が出雲を去るとき、「広矛《ひろほこ》」を置いていったとあり、同第九段一書第二には、大己貴命は出雲を去るにあたって岐神《ふなとのかみ》（サルタヒコ）を分身として置いていったというのである。

サルタヒコと出雲が奇妙な縁で結ばれていたこと、しかもサルタヒコが「矛」のイメージが強かったことが確かめられる。

ここで注目していただきたいのは、神功皇后をめぐる人脈とサルタヒコが奇妙な形でつながってくることだ。アメノヒボコも、塩土老翁も、神功皇后の縁者であり、サルタヒコのふるさとで弥五郎ドンが、武内宿禰と呼ばれ、また、神功皇后の息子であったかのような伝承が残されている点を無視できない。天孫降臨とは、すなわちトヨと眷属《けんぞく》の南部九州への逃避行だろう。

誰が日向の御子をヤマトに連れてきたのか

記紀神話は、出雲の国譲りが天孫降臨の下準備であったと記録している。さらに、出雲から国を奪い取った側が天孫降臨を果たしたと話を続けたが、ここが、「歴史改竄《かいざん》のトリック」だったと察しが付く。ふたつの神話は、本来連続するひとつの悲劇的事件だったはずだ。

北部九州を追われたトヨたちは、命からがら、南部九州を目指したのだろう。日向の地で海幸山幸神話《うみさちやまさちしんわ》という「浦島もどき」の話が挿入されていたのは、「山幸彦（出雲）」が「海幸彦（ヤマトの吉備）」にいじめられ、このあと仕返しに行くから、と考えると、すべての辻褄があってくる。

もうおわかりと思うが、ヤマトの追っ手から逃れたトヨの子（あるいは末裔）が南部九州に潜伏し、その後トヨの子（あるいは末裔）がヤマトを目指したのだ。これが神武東征の真相だったと筆者は考える。つまり、天皇家の祖は、トヨなのである。

ではなぜ、敗れた者がヤマトの王位を奪うことができたというのだろう。

これも簡単なことで、『日本書紀』にそのヒントが隠されている。結論をまず言っておくと、トヨの祟りに、ヤマトは疲れ果ててしまったようなのだ。だから、祟りを抑えるために、物部が王権をトヨの末裔に禅譲したのである。

第十代崇神天皇の時代、ヤマトは天変地異に襲われ、疫病が流行し、人口が半減するほどの混乱が起きていたという。確認のために繰り返すが、第十代崇神天皇は、実在したヤマトの初代王と目されている。そうなると、この事件は、ヤマトの黎明期に起きた事件ということになる。

困り果てた崇神天皇は、占いをして原因を探ってみた。すると、数々の災難は出雲神の意志であること、出雲の神の子をヤマトに連れてきて、出雲の神を祀れば、騒動は収まるというのである。

そこで崇神は、「出雲の神の子」を探し出し、出雲の神を祀らせたというのである。

この話、回りくどいが、ようするに「祟る出雲」をいかに鎮魂するかがテーマである。そして、恐ろしい現象を引きおこしたのは、「出雲の神（具体的には大物主神《おおものぬしのかみ》）」とあるが、これは、ヤマトの吉備のしでかした犯罪的な出雲の国譲りで生まれた恨みと罪の意識を説話化したということだろう。もちろん、トヨやアメノヒボコというキーマンたちの正体を伏せるために、出雲神・大物主神が、シンボルとして登場しているわけである。

問題は、「誰をヤマトに連れてきた」のかで、『日本書紀』はそれを大田田根子《おおたたねこ》なる人物だったといっているが、本当は、これが神武東征だろう。

なぜそのような推理が生まれるのかというと、答えはこっそりと、三輪山の山頂に隠されている。

出雲神・大物主神を祀る三輪山だが、もっとも大切な山頂には、「日向御子《ひむかのみこ》」という、聞いたことも見たこともない神が祀られている。

「日向」について、通説は、

「三輪山はヤマトの太陽信仰のメッカなのだから、日（東）に向かい太陽を遥拝《ようはい》するという意味だろう」

と決めつける。だが、それならば、なぜ「日向神」ではなく、「日向御子」なのだろう。

「御子」は「童子」「若」と同意語で、「若宮」が多くの場合「祟り神」を祀るように、童子や「御子」は鬼の代名詞である。

こういうことではないか。

ヤマト建国をめぐる主導権争いは、出雲（日本海）と吉備（瀬戸内海）の確執に発展し、トヨは裏切られ、北部九州を追われた。出雲は没落し、ヤマトには吉備（物部）の王家がいったん誕生したのだろう（崇神天皇）。ところが、ここから天変地異と疫病が蔓延《まんえん》。ヤマトは恐怖のどん底に突き落とされたのではなかったか。「祟るトヨ」の恐怖である。

ヤマトの吉備は、ここで、「王権を出雲に譲る代わりに、吉備は実権を握る」という妙案を考え出したのだろう。

こうして南部九州に逼塞《ひっそく》していた「トヨの子＝神武」をヤマトに招き、ヤマトの王に押し立てた。けれども神武は、「祟る神を鎮めるための祭司王」である。

こうして吉備（物部）は流通の要である河内《かわち》を支配し、政治と経済を支配していくのである。

トヨは南部九州で死んだわけではない？

トヨ（神功皇后）は、われらが国母《こくも》である。けれども、ヤマトに裏切られ、ヤマトを恨む祟り神でもあった。ここに、ヤマトの歴史の最初の「ねじれ」が隠されていたのである。

では、トヨは南部九州に逼塞し、そのままかの地で零落し、みすぼらしく亡くなられたのだろうか。

そうではなく、トヨは日本海ルートで北陸方面に逃げていた可能性が残されている。追っ手の目をくらますために、南部九州に逃亡した人びとは二手に分かれたのではないかという推理である。

なぜそのようなことがいえるのかというと、理由は三つある。

まず第一に、神功皇后の子どもは、『日本書紀』には応神ひとりしか記されていないが、『古事記』には、二人いたと記録されている。もし『古事記』の証言が正しければ、なぜ『日本書紀』は、ひとりしか名を挙げなかったのだろう。神功皇后に二人の子がいたことを、抹殺したかったということではなかろうか。

第二に、『日本書紀』の説話に従えば、神功皇后は、新羅を討伐したあと博多付近で御子を産み落とすと、ヤマトに向けて進軍している。ところがここから先、どうしたことか、神功皇后は御子・応神を武内宿禰に預け、別々に行動しているのだ。ヤマトに帰ってからのちも、応神と武内宿禰は角鹿《つぬが》に二人で出かけ、角鹿の神と名を交換するなど、セットで登場している。

なぜ、神功皇后は応神を手放したというのだろう。それは、神功皇后と武内宿禰が、別々に行動していたという言い伝えがあったからではないのか。

そして三つめ。

出雲の国譲りに最後まで抵抗した神に建御名方神《たけみなかたのかみ》がいたこと、天つ神との力比べに負けて信濃の諏訪に落ちのびていたが、この人物、なぜか応神天皇とかすかな接点を持っている。

たとえば諏訪大社の伝承『諏訪大明神画詞《すわだいみょうじんえことば》』には、次のような興味深い伝承がある。

トヨは北陸地方に逃げていた

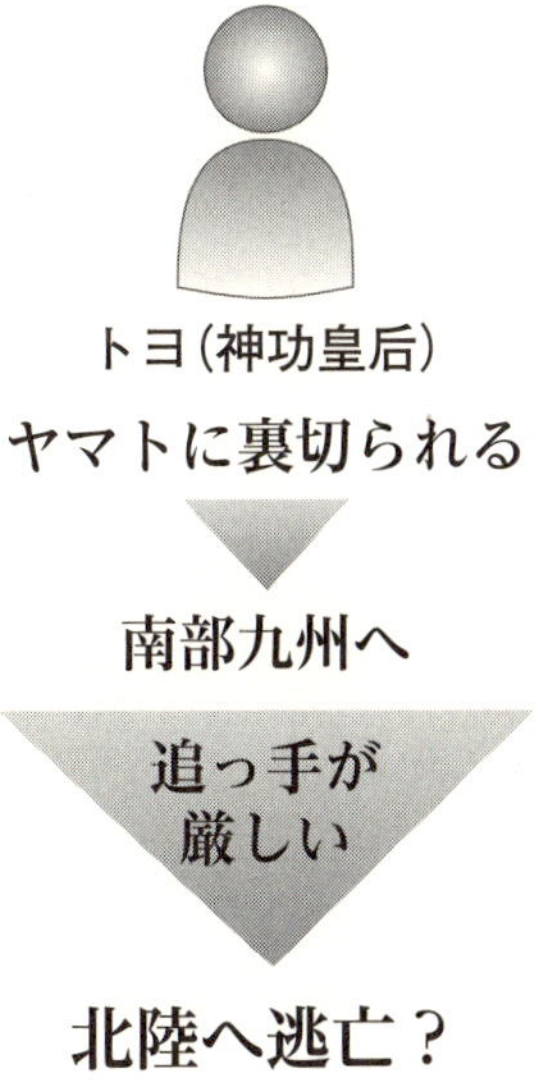

その理由

（1）『古事記』では神功皇后の子が２人いたが、『日本書紀』では１人になっていて、もう１人を抹殺？

（2）神功皇后と武内宿禰が別々に行動した？

（3）諏訪に落ちのびた建御名方神《たけみなかたのかみ》が応神天皇と接点を持っていた？

「当社明神化現ハ仁皇十五代神功《じんぐう》皇后元年ナリ」

すなわち、諏訪大社の祭神、建御名方が化現《けげん》＝神仏が人の姿に身を借りてこの世に姿を現したのは、神功皇后の時代であったというのである。しかも神功皇后元年というと、応神天皇の誕生にほぼ重なる。

さらに、この事実を強調するように、この文書は次のように続ける。

筑紫《ちくし》ノ蚊田《はかた》ニテ応神《おうじん》天皇降誕シ給フ。八幡大井是也

九州筑紫の博多で応神天皇は誕生し、これを八幡大井といった、として、

八幡大井、諏訪、住吉同体ノ由来アリト申

つまり、八幡大井（応神天皇）と諏訪（建御名方）と住吉大社の祭神が、実は同

一人物であったという伝承がある、とするのである。

正史にはまったく記録されていない伝承で、また、神代の建御名方と四世紀後半から五世紀初期といわれる応神天皇と時代のズレが大きすぎるために、このような地方の神社の伝承は、荒唐無稽の誹《そし》りを受け、まったく相手にされなかった。

しかし、大阪の住吉大社には、仲哀天皇の亡くなられた晩、住吉大神が神功皇后と結ばれたという伝承が残り、まったくかけはなれた諏訪に、応神天皇と住吉大神のつながりを暗示する文書が残されていた事実を無視することはできない。

神功皇后の悲劇とカゴメ歌の因果

トヨのその後を追うために、建御名方神に注目したのは、ひとつの理由に、建御名方神の母が、意外な場所で、奇妙な死に方をしているからである。

北陸に残るヌナカワ姫（奴奈川姫《ぬなかわひめ》、奴奈宜波比売命《ぬなかわひめのみこと》）伝説がそれだ。

『奴奈川姫』（土田孝雄　奴奈川郷土文化研究会）によれば、北陸を中心とした日本海沿岸（いわゆる越《こし》）には、大国主命と奴奈川姫が不仲になり、姫が逃げ帰り、追っ手に追われ、ついには自害して果てたという伝承が色濃く残るという。

たとえば、その中のひとつに次のような話がある。


糸魚川町の南方平牛山《ひらうじ》に稚ヶ池《ちごいけ》と呼ぶ池があり、このあたりに奴奈川姫命、宮居の跡ありしといい、また奴奈川姫命はこの地にて御自害ありしと云う。即ちいったん大国主命と共に能登に参らせたまいしが、如何《いか》なる故《ゆえ》にや、再び海を渡り給いて、ただ御一人此地に帰らせたまい。いたく悲しみ嘆かせたまいし果てに、此地のほとりの葦原に御身を隠させ給いて再び出でたまわざりしとなり。


この女人が気になって仕方ないのは、「出雲の国譲りに敗れ、敵から逃れた御子の母親」だからである。また、建御名方神の逃亡ルート上で入水したということは、敵の目を欺き、御子を逃すためだったと深読みすることが可能である。

しかも、ヌナカワ姫は、トヨ＝豊受大神《とようけのおおかみ》に似ているから問題なのだ。

豊受大神ははじめ、比治《ひぢ》の真名井《まない》に沐浴《もくよく》していたという。これは何気ない記事だが、じつに重要な意味を持っている。

北陸に残る奴奈川姫（新潟県糸魚川市・上）伝説とヒスイのふるさと姫川源流（長野県北安曇郡白馬村・下）

「マナイ」は「マヌナイ（真渟名井《まぬない》）」で、「ヌ」は「瓊＝ヒスイ」を意味している。つまり、真名井とは、「ヒスイの井戸」のことなのだ。

ついでまでに言っておくと、ヌナカワ姫の「ヌナカワ」は、新潟県糸魚川《いといがわ》市周辺のヒスイの産地の地名にまつわる名だ。ヌナカワ姫は「ヒスイの女神」でもある。ちなみに、日本各地でヒスイはとれるが、縄文時代から、なぜか糸魚川のヒスイを神聖視する風習が残されていた。だから、ヌナカワ姫は、ヒスイの女神そのもの、ということになる。

ではなぜ、「井戸」と「ヒスイ」がつながってくるかというと、ヒスイは川底や海底からとれる宝石だからだ。水の神、海の神がもたらす神宝がヒスイであり、日本固有の珍宝でもあった。

これまで何回も触れてきたように、豊受大神やトヨの女神たちは「海の神」と強く結ばれていた。もちろん神功皇后（トヨ）も、海神の娘だったという伝承があるぐらい、海とは深い絆を持っている。そうなると、「ヒスイの女神」であるヌナカワ姫は、豊受大神や神功皇后との間に、強い因果を見出すことができる。

神功皇后は、細腕にひとりの御子を抱き、追っ手から逃れようと、日本海づたいに北上していたのではなかったか。しかし力尽き、御子を逃すと、入水して果てたと考えられる。それはまるで、出雲の国譲りに際し、呪いの仕草をして海に消えていった事代主神《ことしろぬしのかみ》を彷彿とさせ、トヨ（ヌナカワ姫、神功皇后）を追ってきたヤマト（吉備）の兵士らは、祟る女神の誕生を間近に目撃したのではなかったか。

こうして、祟る女神はヤマトを震撼《しんかん》させ、日向の御子を連れてくる必要が生まれたのだろうし、トヨ＝豊受大神は丹後半島から伊勢に移し祀られたのだろう。そしてトヨの悲劇は語り継がれ、いつしかカゴメ歌となって童女の遊びになったのではなかったか。

第4章 カゴメ歌にこめられた「怨念」の謎

卑弥呼とトヨの葛藤を闇に葬った『日本書紀』

卑弥呼《ひみこ》とトヨという邪馬台国のふたりの女王に秘められた歴史の闇――ヤマト建国が深い謎に閉ざされていたのも、このふたりの女人の葛藤があったからにほかなるまい。トヨの卑弥呼殺しとヤマト（吉備）によるトヨの追放劇は、いくつもの歴史の禍根を残したはずである。

そして、他の拙著でも述べたように、皮肉にも、トヨを引きずり下ろしたことが、ヤマトの吉備（物部）を窮地に追い込んだ。祟りに苦しめられた吉備は、王の座をトヨの末裔に譲り、ヤマトの王家は誕生したのである。

ではなぜ、ヤマトを裕福にした神功皇后（トヨ）の悲劇は、抹殺されてしまったのだろう。その理由については、徐々に解き明かしていくにしても、ここでまず述べておきたいことがある。すなわち、神功皇后の悲劇が、豊受大神《とようけのおおかみ》の天《あま》の羽衣伝《はごろもでん》承《しょう》という形に変えて語り継がれることになり、さらには、豊受大神や羽衣伝承のモチーフが、八～九世紀、あるいはそれ以降にも影響を与え、別の話となって語り継がれていった気配が強いことである。

カゴメ歌の歌詞が、意外にも羽衣伝承と共通点が見出せたことは、この羽衣伝承というモチーフが、古代を通して忘れられることなく継承され、その残像が、今日カゴメ歌という「あそび」となって、受け継がれていたのではないかと思えてならなかったからである。

そしてそれは、鳥巫女《とりみこ》という強烈な信仰形態があったからこそつながったのであって、その根源をたどっていくと、出雲の風葬に行き着くという推理であった。そして少なくとも、豊受大神の羽衣伝承が、七〜九世紀にかけて、けっして忘れられていなかったことは、多くの史料からも明らかなことなのである。

そして、三世紀の豊受大神（トヨ）の悲劇は、七〜九世紀に形を変えて再現されていくのだが、このことを暗示していたのが、有名な持統《じとう》天皇の、天《あま》の香具山《かぐやま》を詠った『万葉集』なのである。

天の香具山の羽衣伝承に隠されたものは？

『万葉集』巻一―二八には、七世紀の女帝持統の不可解な歌が残されている。

天皇の御製歌
春過ぎて夏来《きた》るらし白栲《しろたへ》の衣《ころも》乾《ほ》したり天《あま》の香具《かぐ》山
（大意）春が過ぎて夏がやってくるらしい。（青葉の中に）真白な衣が乾してある。天の香具山は。（日本古典文学大系『萬葉集』岩波書店）

この歌が謎とされるのは、白い衣が天の香具山になぜ干してあるのか、この白い衣には、いったいどのような意味があるのか、判然としない点であった。第一、天の香具山は、ヤマトを代表する霊山、聖地であり、このような場所に、なぜ衣を干すことができたのかも、わからないままであった。

この歌が「羽衣伝承」であることを発見したのは、共同研究者で歴史作家の梅澤

恵美子氏であった。梅澤氏は、歌にある白い衣とは、トヨの羽衣であり、水浴びをしている天女の羽衣としたうえで、この歌を

いま、この白い衣＝羽衣を盗めば、天下は取れる。春がすぎて夏が来るように、動乱が起こり、天下は自分のものとなる。チャンスがやってきたのだ。

と解釈したのであった。

この梅澤氏の指摘を私見も支持するが、この解釈が投げかける波紋は二つあるように思われる。

まず第一に、豊受大神（トヨ）の羽衣伝承のモチーフが、七世紀末から八世紀初頭頃にかけて忘れられずに生き続けていたということ。そして第二に、なぜ持統天皇は、豊受大神（トヨ）の悲劇を引き合いに出して、あたかも政権の交代を暗示するかのような歌を詠ったのか、ということであろう。

通説に従えば、この時期、トヨの悲劇に匹敵するような大事件は起きていないのである。とすれば、いったい持統天皇は、この歌にどのような思いをこめていたの

であろうか。

実は、この七世紀、唐突に現れたトヨの亡霊こそ、いまだに謎を残す七〜九世紀の政争史を解く鍵となるばかりか、第一章で触れた『竹取物語』のかぐや姫の行動の真意をも明確にしていたのである。そして、このことがカゴメ歌にもかかわってくるために、ここでしばらく、持統天皇の時代背景を知るため、再び話を三〜四世紀のヤマト朝廷発足からその後の政争の行方について考えておかなくてはならない。

独裁化した天皇家に地方豪族は反発した

さて、トヨを九州から追放し死に至らしめたヤマトの物部《もののべ》(出雲であり、吉備でもある)は九州のトヨの末裔・神武《じんむ》を迎え入れることで、西日本を二分する長年の対立、確執を解消したのだった。この結果、大王家(天皇家)に妃(巫女《みこ》)を送り込む一族として、物部氏が実権を握る形でヤマト政権は出発した。つまり、邪馬台国の卑弥呼同様、大王はヤマト周辺の豪族や首長たちに共立されたのである。

ところが、五世紀に入ると、このような王朝の図式に変化が現れる。これがすでに触れた独裁志向の雄略天皇の登場であり、ヤマトの王家は、中央集権国家を目指したのだった。ところがここで、周囲の既得権を振りかざす豪族との軋轢《あつれき》が生まれたのだろう。五世紀の末、皇位継承をめぐり、ヤマトは混乱し、ついに酒池肉林をくり広げる武烈《ぶれつ》天皇の出現によって、王統は断絶してしまった。

ここに、応神天皇五世の孫の継体天皇が、越（北陸）から連れてこられたのだと『日本書紀』は言い、通説はこれを王朝交替ではないかと疑う。けれどもこのいきさつには、裏があったと考えられる。というのも、継体天皇の出現の後も、「強いヤマト」を建設しようとする流れは変わらなかったからである。多くの豪族層の抵抗に遭って頓挫した改革事業を、王家を刷新することで、ふたたび軌道に乗せようというのが、継体天皇誕生の真相ではなかったか。

当事者によって書かれた歴史の信憑性

私見は継体王朝がトヨの亡霊であり、建御名方《たけみなかた》の末裔が王権をつないだのではないかとさえ勘ぐっている（『継体東国王朝の正体』三一書房）のだが、根拠はいくつかある。

継体天皇を支えた一族に、住吉大社《すみよしたいしゃ》や籠神社《このじんじゃ》とつながる尾張氏《おわりし》がいたこと、この王朝の出現とほぼ同時に、武内宿禰《たけのうちすくね》の末裔、蘇我《そが》氏がヤマトで勃興し、本来須我《すが》であり宗賀《そが》であった彼らが、蘇我＝「我れ蘇り」と改名したこと、蘇我氏が伽耶《かや》出身の東漢《やまとのあや》一族に後押しされていたことは偶然ではあるまい。

さらに、継体天皇に始まる新王朝の全盛期、飛鳥に都を定めた蘇我氏系の女帝・推古《すいこ》天皇の宮が豊浦宮《とゆらのみや》で、その忠臣が嶋大臣《しまのおおおみ》（蘇我馬子）であったことは、第三章ですでに触れたが、推古女帝の和風諡号《わふうしごう》にトヨの名が冠せられていること（豊御食《とよみけ》炊屋姫《かしきやひめ》）にも、深いわけがあってのことに違いない。

また、推古天皇の皇太子、聖徳太子の別名に、トヨトミミと、やはりトヨがつくのも興味深い。聖徳太子は蘇我氏の血が濃く入っていたから、トヨの血脈と見られていた節がある。

ところで、このような仮説は鬼という視点からもいえる。

鬼は本来モノと呼ばれ、神と同義語であったが、『日本書紀』は、鬼を邪《あ》しき者として神と差別している。

たとえば、神話の世界でいえば、土着の土蜘蛛《つちぐも》までも鬼とみなし、出雲もまた鬼であった。さらに物部氏や蘇我氏といった豪族、海外では伽耶や新羅《しらぎ》を鬼とみなしているが、これらのことごとくが、『日本書紀』が編纂《へんさん》される直前に滅び、野《や》に下っていた者どもであったことは、改めて述べるまでもない。本来神に近かった彼らが政権を追われ、権力者の入れ替わりが起きていたわけである。

もちろん、このような歴史のねじれを、『日本書紀』は認めていないが、たとえば、聖徳太子に謎が多いのは、この人物が七世紀に蘇我系王朝のもとで活躍していたことと無縁ではなかろう。『日本書紀』がこの人物の正体を抹殺していた疑いは強く、太子を鬼とみなしていたところに、ことの真相は隠れているに違いない。

それはともかく、ここで改めて持統天皇の天の香具山の歌を思い出せば、興味深い事実に気づかされるはずである。

天の香具山に干された白い衣、この羽衣を盗めば天下は自分のものになるという歌は、七世紀の王朝がトヨの王朝であったと仮定してみることで、俄然深い意味を持ってくるのである。つまり、持統天皇の歌こそ、トヨの王朝に実権を奪われた反体制派（あるいは守旧派）の再起への誓いであり、重大な政変のありかを確信するのである。

持統の出現によって日本が化けた証拠はいくつもある。たとえば、律令制度もその中のひとつだ。そこで、律令制度について、しばらく考えてみたい。

さて、律令制度は、それまで豪族が支配していた土地と人民をすべて天皇（朝廷）が吸い上げ、耕地を民に公平に貸し出し、税と労働力を集め、豪族に対して官位と役職を与えることでコントロールしようとする法制度であった。一見して理想的なシステムに思えるが、権力者がこれを私利私欲によって悪用した場合、思わぬ弊害が出現することも事実であった。そして、人びとにとって不運だったのは、日本の律令は発足直後から、負の面ばかりが目立つようになったことである。

律令の矛盾や非現実的な側面を是正することなく、これを為政者が放置した結果（確信犯的な政策であったか）、多くの人びとは土地を手放し、これを中央貴族や有力な寺社が吸収してしまった。平安時代に入ると、一部の富める者と貧者の格差が決定づけられた。富める者といっても、それはごく限られたひと握りの人びとである。

律令国家の理想と現実

律令国家

土地　人民　<<<　豪族の支配下

▼

国家が管理：豪族もコントロール

税と労働力を集めて
国力を高めることが目的

▼

権力者が私利私欲で悪用する
中央貴族と寺社に土地が集中

▼

貧富の差が拡大した

平安時代は、まさに一部の貴族にとっては天国であっても、法によってがんじがらめに縛られた一般の民衆にとっては、ただ労力と税を搾り取られるだけの暗黒の時代であり、美術史的に見ても、これほど活気のない時代は、日本史の流れから見て異常といえるほどで、史上最悪の時代といっても過言でなかった。自由で活動的な中世とは、この平安という暗黒、抑圧に対する反発であり、平安時代を制した貴族社会からの解放であった。

このような民族の災難の根元が、すべて七～八世紀に求められることを、中世社会はよく覚えていたのであろう。この時期、各地で正史『日本書紀』とは相反するさまざまな歴史解釈が出現し伝承化されていったのは、理由のないことではなかったのである。史学者のほとんどは、正史よりものちの時代に書かれたという理由だけで信憑性を疑うが、歴史は当事者が書いたものだけが正しいとする思いこみは、大きな過ちを犯す。当事者が書いたからこそ、そこには政治的な思惑が隠れているはずだからである。

それはともかく、平安という名の暗黒時代が生まれたきっかけは、西暦六四五年、たったひとりの男の死に始まっている。このことが、羽衣伝承や『竹取物語』、さらにはカゴメ歌と、思わぬつながりをつくっていた疑いがあるため、しばらく七～八世紀の政局の流転と混乱の政争史を振り返ってみたい。

英雄として描かれた中大兄皇子と中臣鎌足の本性

意外に思われるかもしれないが、日本を暗黒時代に導くきっかけを作ったのは、中大兄皇子《なかのおおえのみこ》（のちの天智天皇）と中臣《なかとみの》（藤原《ふじわら》）鎌足《かまたり》であった。

ふたりは、専横を繰り返し天皇家を蔑《ないがし》ろにする蘇我入鹿《そがのいるか》を、皇極《こうぎょく》四年（六四五）、飛鳥板蓋宮大極殿《あすかいたぶきのみやだいごくでん》の皇極天皇の眼前で暗殺したのである。ちなみに、皇極天皇は女帝で、中大兄皇子の母であった。

そして、乙巳《いっし》の変《へん》と大化改新《たいかのかいしん》といえば、知らぬ者はいないほど有名な話である。中大兄皇子に斬りかかられた蘇我入鹿は、御簾《みす》の向こうの皇極天皇に詰め寄り、身の潔白を訴え、事態の説明を求める。あわてふためいた女帝は、事件に関与していないことを叫び、中大兄皇子に行動の真意を問い質した。

中大兄皇子は、入鹿が上宮王家《じょうぐうおうけ》（聖徳太子の子山背大兄王《やましろのおおえのみこ》の一族）を滅ぼし、しかも王位を狙っていることを訴え、なぜこれを放置しておくのかとやり返した。皇極天皇が息子の言い分を認めるかのようにその場を去ると、入鹿の首は斬り落とされた。

蘇我氏に政局を牛耳られ、昔日の面影を失った天皇家を中興した人物として、中大兄皇子と中臣鎌足は、英雄と称えられ後世に語り継がれていく。しかし、この事件のいきさつを伝える『日本書紀』が、中臣鎌足の子・藤原不比等《ふじわらのふひと》の手で書かれていたとなると、この勧善懲悪《かんぜんちょうあく》の単純なストーリーをどこまで信じてよいのか、疑ってかかる必要があるだろう。

そして、『日本書紀』を丹念に読み返すと、事件の真相を知るための興味深い事実に気づかされるのである。

『日本書紀』は、蘇我入鹿が、天皇家の民を勝手に使い、自ら王と名乗るなど、皇室にとって許し難い行動を繰り返していたと記録する。しかし、このような蘇我氏の専横を、民衆がどのように見ていたのかについての記述がまったくなく、そればかりか、中大兄皇子や中臣鎌足が入鹿を殺して実権を得てから、民衆の朝廷に対する反発が強まり、サボタージュ、焼き討ちなど、中大兄皇子（天智《てんち》天皇）や中臣鎌足の打ち出す政策にことごとく反旗を翻していたのである。

歴史の教科書は、中大兄皇子や中臣鎌足らに対するこのような民衆の反発にひと言も触れていないから、蘇我入鹿の印象は悪くなるばかりであった。もちろん、これは通説が中大兄皇子らを賛美していたからでもあるが、入鹿や蘇我氏が常識でいわれるような悪者でなかった証拠は、『日本書紀』と中世の記録『扶桑略記《ふそうりやっき》』を重ねてみることではっきりとしてくる。

入鹿暗殺に立ち会った皇極天皇は晩年、祟る鬼につきまとわれたと『日本書紀』は記録している。皇極女帝に近侍していた人たちは、この鬼が出現してばたばたと死んでいったという。

『扶桑略記』には、この祟る鬼と群臣の死について、興味深い話を載せている。時の人びとは口々に「豊浦大臣《とゆらのおおおみ》の霊魂の仕業だ」と噂し合ったというのだ。豊浦大臣は、入鹿の父・蝦夷か入鹿のどちらかなのだが、少なくとも、この鬼が、乙巳の変で滅ぼされた蘇我本宗家の亡霊であったことは間違いないのである。

祟りとは、罪なく殺された被害者が、罰を与えるためにこの世に現れるもので、極悪人はけっして祟って出ない。菅原道真が死後朝廷を震え上がらせたのは、道真を陰謀で死に追いやったことに対して、朝廷側が後ろめたいと思っていたからで、この悔悟《かいご》がなければ、内裏《だいり》に落ちた雷を見て、誰もが道真の仕業と考えることはなかったであろう。したがって、人びとが次々に倒される様子を見て、間違いなく入鹿の仕業だと人びとが気づいたのは、入鹿に対する罪の意識ゆえである。

「蘇我」の正義を証明するものは、「祟る入鹿」だけではない。

律令制度導入の直前、ヤマトの王家は直轄領を徐々に増やし、中央集権化の下準備（これが先述した屯倉《みやけ》制度という）を始めていたが、これを後押ししていたのが、何を隠そう「蘇我」だったのである。

どうやら、「蘇我」は、改革事業を積極的に推し進めていたようなのだ。それがはっきりしてきたのは、前期難波宮《なにわのみや》の発掘調査が進んだからである。

蘇我入鹿暗殺ののち即位した孝徳《こうとく》天皇は、政権樹立後、すぐに難波に移り、新都の建設に入る。これが前期難波宮で、発掘調査が進むまで、どの程度の規模なのか、はっきりとしたことはわからなかった。ところが、近年の成果で、のちの藤原《ふじわら》宮《きゅう》や平城宮《へいじょうきゅう》と遜色ない規模の巨大な宮であったことがはっきりとしたのである。

ここで問題は二つある。

第一に、孝徳天皇が難波に移ったとき、人びとは口々に、「そういえば」というように、ネズミが飛鳥から難波に向かって移動していたことに気づいたという。そして、「あれは、遷都《せんと》の前兆だったのだ」と、噂し合ったというのである。

この、ネズミの集団行動、じつは、蘇我入鹿が殺される直前に起きていたのだとすると、難波宮の建設は、「蘇我」の政権下で画定済みであったことを暗示する。

第二に、難波宮の完成の翌年、中大兄皇子は何を思ったか、「都を飛鳥に戻そう」と、孝徳天皇に進言する。孝徳が拒否すると、多くの人々を率いて、中大兄皇子は勝手に飛鳥に移動し、都は空っぽになったという。

都城《とじょう》は律令制度の「土台」である。それを捨てたのはなぜだろう。しかも、ようやくの思いで完成させた先駆的な宮を、なぜ中大兄皇子はゴミのように捨てたのだろう。

それは、孝徳天皇を「親蘇我派」の皇族とみなすことで、謎ではなくなる。中大兄皇子は、「蘇我の構築した新たな社会」を否定してかかったということだろう。

こう考えてくると、蘇我＝悪という図式は、崩れ去ってくるのである。

入鹿暗殺の陰に蠢く英雄たちの謀略

では、なぜ中大兄皇子や中臣鎌足は、蘇我入鹿を殺し、しかも入鹿に極悪人のレッテルを貼るのに必死だったのであろうか。

蘇我入鹿暗殺（乙巳の変）の本質は、蘇我入鹿暗殺直後に、唯一入鹿の死を嘆いた古人大兄皇子《ふるひとのおおえのみこ》の言葉の中に隠されていよう。『日本書紀』によれば、

「韓人《からひと》が入鹿を殺した。胸が張り裂けそうだ！」

と叫び、しかも、「韓人」は「韓の人」ではなく、「韓政《からのまつりごと》」、つまり、朝鮮半島をめぐる外交問題のこじれで、入鹿が殺されたと言っているのである。

そういえば、中大兄皇子と中臣鎌足は、実権を握ると、無謀な遠征を敢行している。一度は滅亡した百済《くだら》を再興しようとしたのである。

ではなぜ、中大兄皇子と中臣鎌足は、百済に荷担したのだろう。それは、蘇我系王家が、隋や唐に急接近したことと関係があるのではないか。五世紀前後から、ヤマト朝廷は百済との交流を深め、同盟国となっていたから、半島から大陸へ外交の

複雑に入り交じる日本と大陸の関係

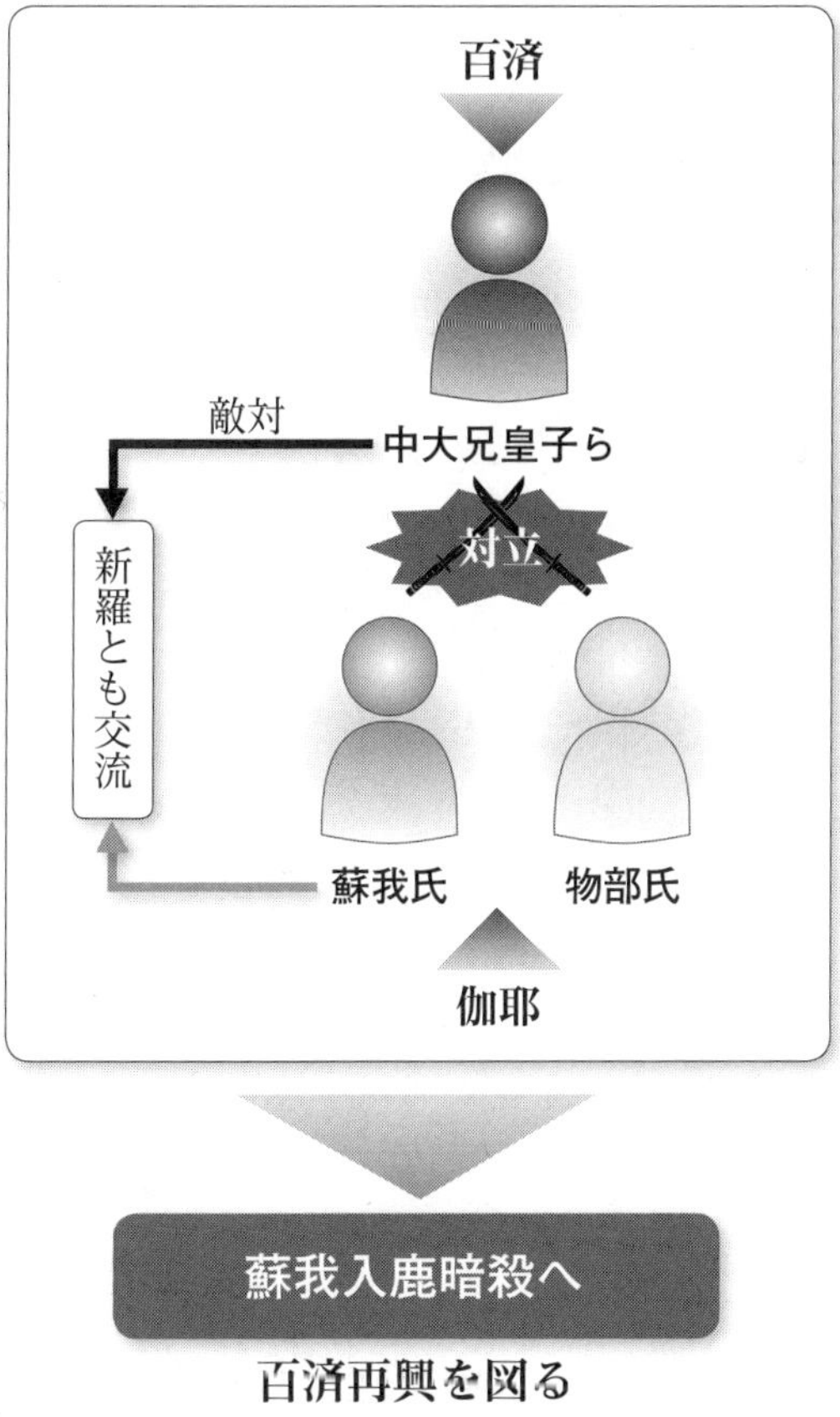

軸足をずらしていった蘇我系王家の動きを、苦々しく思っていた派閥や王族も存在したに違いない。その中の一人が中大兄皇子だったのではあるまいか。

さらに他の拙著で繰り返し述べてきたように、入鹿暗殺を企て、中大兄皇子を誘い込んだ中臣鎌足の正体は、日本に人質としてやってきた百済王子・豊璋《ほうしょう》であった疑いが強い。

『日本書紀』は、鎌足の子不比等《ふひと》によって記されたものだから、鎌足の出自には、細心の注意が払われ、気づかれないように工作してあるが、中臣鎌足以前の中臣（藤原）氏の活躍が神代《かみよ》までほとんど空白であったところに、不審があった。八世紀に、政権の頂点に登りつめ、一族の輝ける過去を誇り高くかかげるべきところを、不比等は筆を進めなかった。

『日本書紀』は蘇我氏の出自を示さず、始祖を武内宿禰に結びつけていないが、これは大豪族にはありえないことで、これはむしろ、蘇我氏の血筋の正しさを物語っていよう。逆に藤原氏自身の過去を明かせなかったのは、彼らが成り上がりか新米の渡来人かのどちらかだ。

百済の王子・豊璋は、百済滅亡の白村江《はくそんこう》の戦《たたか》いの直前に本国に召喚されるが、中臣鎌足もほぼ同時に日本の歴史から姿を消し、戦後、ひょっこり天智（中兄兄皇子）の忠臣として再登場している。

合戦の勝敗も左右した古代の民衆たち

こうしてみてくると、中大兄皇子と中臣鎌足の入鹿殺しの目的は単純な理由からであったことがわかる。中大兄皇子と中臣鎌足は、日本が滅亡の危機に瀕することを厭《いと》わず、すでに虫の息であった百済の再興のために、入鹿を殺し遠征軍を半島に送り込みたかったのである。百済が滅びれば、守旧派の大切なパートナーが消え、政治の主導権は二度と握れなくなるという恐怖心が、中大兄皇子を突き動かし、中臣鎌足（豊璋）が入鹿暗殺をそそのかしたのである。

白村江からもどった天智を待ち受けていたのは、唐水軍襲来の恐怖と、民衆の不満の爆発であった。天智が近江に都を開く前後、各地で火の手があがったのは、天智の失政に対する民意の確固たる態度であった。

白村江の戦いが西暦六六三年、天智天皇の即位が六六八年、その死が六七一年と、天智天皇は敗戦処理に手一杯で、その正式な治世はわずか三年であった。政権の基礎を固める間もなく天智天皇は崩御《ほうぎょ》しているから、ここで世が乱れたのは当然のことであった。天智天皇の弟の大海人皇子《おおあまのみこ》（のちの天武天皇）と皇子の大友《おおとも》は、相続権をめぐって対峙《たいじ》する。

天智天皇が生前皇子大友の即位を密かに願っていたのは、大海人皇子の背後に蘇我豪族の生き残りや東漢《やまとのあや》氏という親蘇我派がひかえていたからである。蘇我氏は乱を通じて、大海人皇子のために働いている。大海人皇子はことあるたびに兄に楯突き、中臣鎌足がこれをとりなしていたのは、大海人皇子の親蘇我的発想がそうさせたのであった。ちなみに、正史『日本書紀』には書かれていないが、大海人皇子に蘇我氏の血が入っていた疑いは強い（『天武天皇論』大和岩雄　大和書房・拙著『天武天皇隠された正体』ＫＫベストセラーズ）。

大友皇子と大海人皇子は結局、武力衝突を起こすのだが（壬申《じんしん》の乱）、両者の戦いが、五世紀から始まった守旧派と改革派（物部・蘇我を中心とする）の対立の図式をそのまま引きずっていたことは、改めて述べるまでもない。本来苦況に陥っていたはずの大海人皇子が乱を制したのも、民衆が大海人皇子を後押ししたからで、朝廷の正規軍は、大海人皇子が裸同然で東国に逃れただけで敗北を確信し、ちりぢりに逃げまどったというから、古代社会の民意の力強さを思い知らされる。

それはともかく、大海人皇子は乱ののち、蘇我氏の地盤・飛鳥に都を戻し、近江朝側にあった藤原氏を干す。ここに、トヨの政権は再興されたのである。

天皇家を裏で操る藤原不比等

ところが、歴史はここで、思わぬどんでん返しを用意していた。天武天皇の死後、トヨの政権は、もろくも崩壊するのである。天武天皇の跡を継いで即位した持統女帝（天武天皇の皇后であった）が、野に下っていた鎌足の子・藤原不比等を重用し、天武派の豪族を切り崩し、親天智王朝を築きあげてしまうのである。

まるでトリックのような無血クーデターであり、このような王朝交替があったことすら、正史は隠匿しているから、これまで持統は夫天武の遺志を引き継いだ名君とさえ思われてきた。しかしこの女帝は、息子・草壁皇子《くさかべのみこ》や孫の軽皇子《かるのみこ》（のちの文武天皇《もんむ》）の即位を望むあまり、大きく路を踏み外し、不比等の策に乗ってしまったのである。

そもそも持統は天武天皇の皇后ではあったが、一方で天智天皇の娘でもあり、天武を支援した豪族たちの評価が高かったとは言い難い。壬申の乱を戦ってきた豪族たちにとって、いくら天武の皇后とはいえ、天智の娘の即位を心から願っていたはずもない。

それにもかかわらず、持統が即位してしまったのは、本来の皇太子・草壁皇子が即位目前にして亡くなってしまったからで、草壁亡き後、皇太子不在のまま、多くの天武の皇子が即位候補者と見られる中の強引な即位は、幼少の軽皇子を即位させるための中継ぎを狙ったからにほかならない。そして、多くの豪族の不満を押さえるために、謀略に長けた不比等を取り立てたのだった。

子や孫が即位しなければ、国母としての自らの地位もなくなる――きっかけは、まさに女帝の、子のみを思う気持ちと権力への執着であったろう。しかし、そのために選んだ手段が「藤原抜擢」であったことに、日本にとっての悲劇はあった。

不比等は陰謀・暗殺・懐柔《かいじゅう》・恐喝と、ありとあらゆる手段を駆使して、政敵を封じ込めていく。物部氏に止《とど》めを刺したのもこの男だった。八世紀初頭、左大臣と朝廷の最高位についた石上《いそのかみの》（物部《もののべ》）朝臣麻呂《あそみまろ》を、平城京遷都に際し旧都の留守役に任ずる勅命を引き出すことに成功し、今日でいえば一国の総理大臣をゴミとして捨てたのである。不比等は豪族ばかりでなく、天武系の有力な皇子たちも血祭りに上げている。

大津皇子《おおつのみこ》の謀反発覚と刑死は、持統の陰謀説が根強いが、裏で不比等が暗躍していたことはほぼ間違いない。大津皇子の兄・高市皇子《たけちのみこ》や弓削皇子《ゆげのみこ》にも暗殺説があるが、死んだ時期といい、彼らが不比等ににらまれていたことといい、不比等の謀略によって殺された可能性は非常に高い。

壬申の乱によって完璧に没落した不比等が、一気に朝廷の中枢に登りつめることができたのは、当初不比等が影となって持統を操ったこと、準備されつつあった律令の整備の中心に不比等が加わることによって、不比等が律令＝法を自在に操ることができたからと思われる。

また、律令制度が整い、豪族たちが土地を手放し丸腰になったからこそ、藤原は好き勝手ができたのである。そして、もっとも大きな理由は、百済王家の生き残りの執念であったに違いない。

この点、藤原氏に同情の余地が残されるが、しかし、その手段と日本支配の手口はとてもほめられたものではない。不比等は、天皇家に藤原の血を注ぎ込んで新たな神話を創作し、「藤原のための天皇家」を築き上げたのである。

『日本書紀』は、この不比等の遠大な謀略を成就するための仕上げの書であった。太陽神の巫女《みこ》にすぎなかった大日孁貴《おおひるめのむち》が本来のヤマトの太陽神・天照大神《あまてらすおおみかみ》にすり替えられたのも、不比等の仕業である。天照大神が邪馬台国の卑弥呼とも、また持統天皇とも同一視されるのは、持統王朝の出現が観念上の天智王家の復興を意味していたこと、この王家の正統性を証明するために女神＝天照大神という神話が仕立て上げられたからである。

蘇我氏と物部氏は本当に犬猿の仲だったのか？

こうして見てくれば、持統天皇の天の香具山の歌の真実は明確になったといってよいだろう。この女帝は、まさにトヨの王家、モノの王権から天の羽衣を奪っていたのである。

伝藤原不比等の墓（奈良県桜井市多武峰、談山神社）

そして、この女帝の仕出かしたことの重大さは、天武――持統朝ごろに整えられたともいわれる大嘗祭《だいじょうさい》で、即位した天皇が実際に天の羽衣を着用することからもうかがえる。天皇は祭りのクライマックスで沐浴《もくよく》をして身を清め、ここからいよいよ俗世間から離脱し、聖域に入っていく。

そのとき、大事な沐浴で天皇が着るのが、天の羽衣である。天皇は羽衣を着込むことで人間から神に生まれ変わるのである。とすれば、この天の羽衣こそ、天の香具山で持統が盗み取った白い衣ではなかったか。

ヤマト建国は、シャーマン「トヨ」から天の羽衣を奪うことで成し遂げられた。「もうひとつの出雲＝吉備」からやってきたニギハヤヒの末裔（物部）は、ここに新たな王家を樹立するも、祟るトヨを恐れ、日向から忘れ去られたトヨの御子を連れてきたのだった。

もっとも物部らは、物部（吉備）の祭祀形態（モノの祭祀）を新たな王家に継承させ、名を捨て実を取ったと考えられる。こうしてヤマトは二度目の建国を終え、トヨの亡霊を恐れ続けるヤマト朝廷は、天の羽衣を大切に守り続けたのであろう。

そして八世紀に至り、持統天皇はこの天の羽衣をモノの一族から奪い、天皇家即位の小道具として再利用したのである。

それはまさに、トヨの悲劇の再現であり、トヨの血脈、モノの一族の衰退を意味していたのである。とすれば、敗れ去った者どもの恨みつらみが、天の羽衣伝承を語り継ぐきっかけとなっていったのではあるまいか。

このような天の香具山の歌の真意がつかめたところで、ひとつだけ付け加えておきたいのは、蘇我と物部の関係である。

常識で考えれば、蘇我と物部は、犬猿の仲ということになる。しかし、『日本書紀』の物部守屋《もののべのもりや》と蘇我馬子《そがのうまこ》の闘争が、実際には物部と蘇我の全面戦争ではなく、物部傍流と蘇我本宗家のいさかいであったことは、すでに何度も他の著書で触れてきたことである。

物部系の文書『先代旧事本紀《せんだいくじほんぎ》』には、「蘇我」が「物部」を滅ぼした事件がまったく記されていない。そして、蘇我入鹿が「物部腹」であったことを、誇らしげに記録しているところに、大きなヒントが隠されている。「蘇我VS物部」という図式を構築したのは『日本書紀』で、実際には、両者は手を携え、七世紀の改革事業を推進していた可能性が高い（拙著『日本を不幸にした藤原一族の謎』ＰＨＰ研究所）。

だから、彼らが没落すると、藤原政権は彼らをひとくくりにして「鬼（モノ）扱い」していくわけである。

すなわち、モノの政権の転覆を狙う持統天皇や藤原不比等にとって、天の羽衣は敵陣営の旗印となったのである。

藤原氏の謀略にはまった紀貫之

このような七〜八世紀のトヨの悲劇というモチーフは、やがて平安時代、『竹取物語』に受け継がれていく。

『竹取物語』が誰の手で書かれたのかは不明なのだが、その一方で平安初期の歌人で『土佐日記《とさにっき》』や『古今和歌集《こきんわかしゅう》』を記した紀貫之《きのつらゆき》が真の作者であったのではないかとする説が根強い。

理由ははっきりしていて、物語に登場する人物がことごとく八世紀初頭に実在した高級官僚の顔ぶれとそっくりなこと、このとき、藤原不比等が他の豪族を打ちのめし、天下を取ったことは歴史的事実であり、『竹取物語』が、この不比等と目される人物をやり玉に挙げていること、さらに、九世紀半ば、紀氏が藤原氏の陰謀で政界から追われていたからである。

つまり、こののち、文人として生きて行かざるを得なかった紀貫之には、藤原氏を糾弾する十分な動機があったことになる。しかも『古事記』によると、紀氏は武内宿禰を祖とし、蘇我氏の遠い親族でもあった。

紀氏は紀国《きのくに》（木国）、現在の和歌山県を支配した古代有数の大豪族であった。紀国は、紀ノ川《きのかわ》を遡れば直接ヤマトの南側に出ることができたから、難波（河内）をヤマトの大手門（正門）とすれば紀国は搦《から》め手《て》（裏門）にあたり、軍事、交通の要衝であったから、古代に占める紀氏の重要性がわかる。

ただ、八世紀まで、この一族の活躍は蘇我氏や物部氏の影に隠れ、目立ったものはなかった。彼らが勢力を広げるのは、皮肉なことに藤原氏の一党独裁の完成期、奈良朝最後の光仁《こうにん》天皇の即位ののちであり、紀氏はモノの一族の最後の星となった。

光仁天皇の母が紀氏で、光仁天皇の出現は瓢簞《ひょうたん》から駒という言葉がぴったりするほど偶然の即位であった。光仁は晩年まで飲んだくれていた人物で（政敵から身を守るためともいわれている）、したがって紀氏の台頭も歴史の気まぐれといえるかもしれない。

それはともかく、紀氏の不運は、藤原氏の格好の標的となったことにある。紀氏は天皇家に女人を嫁がせる家となったが、天皇家の外戚《がいせき》であることで天下掌握を目論む藤原氏にすれば、紀氏のような存在は目障りで仕方がない。

古代の女性の重要性は、生まれた皇子が多くの場合、女性の家で育てられたことからも明らかであろう。たとえば、紀氏の女子が生んだ皇子は紀氏の子として育てられ、この子が即位すれば紀氏の発言力が増大するのは必定であった。藤原氏にすれば天皇の母である特権を手放すことはできない。

藤原氏は、一氏族から一名という合議制、ヤマト朝廷の不文律を無視し、太政《だいじょう》官《かん》人事を常に独占しようとしていたから、紀氏のような存在は、陰謀によって次々と抹殺していった。よく知られる菅原道真《すがわらのみちざね》も、やはり藤原の手ではめられたのである。

紀氏の敗北は、西暦八六六年に起きた応天門《おうてんもん》の変であった。大納言・伴《ともの》（大伴《おおともの》）善男《よしお》が応天門の炎上を左大臣《さだいじん》源信《みなもとのまこと》の放火と讒言《ざんげん》したが、藤原氏の画策によって

藤原氏が紀貫之をはめた裏側

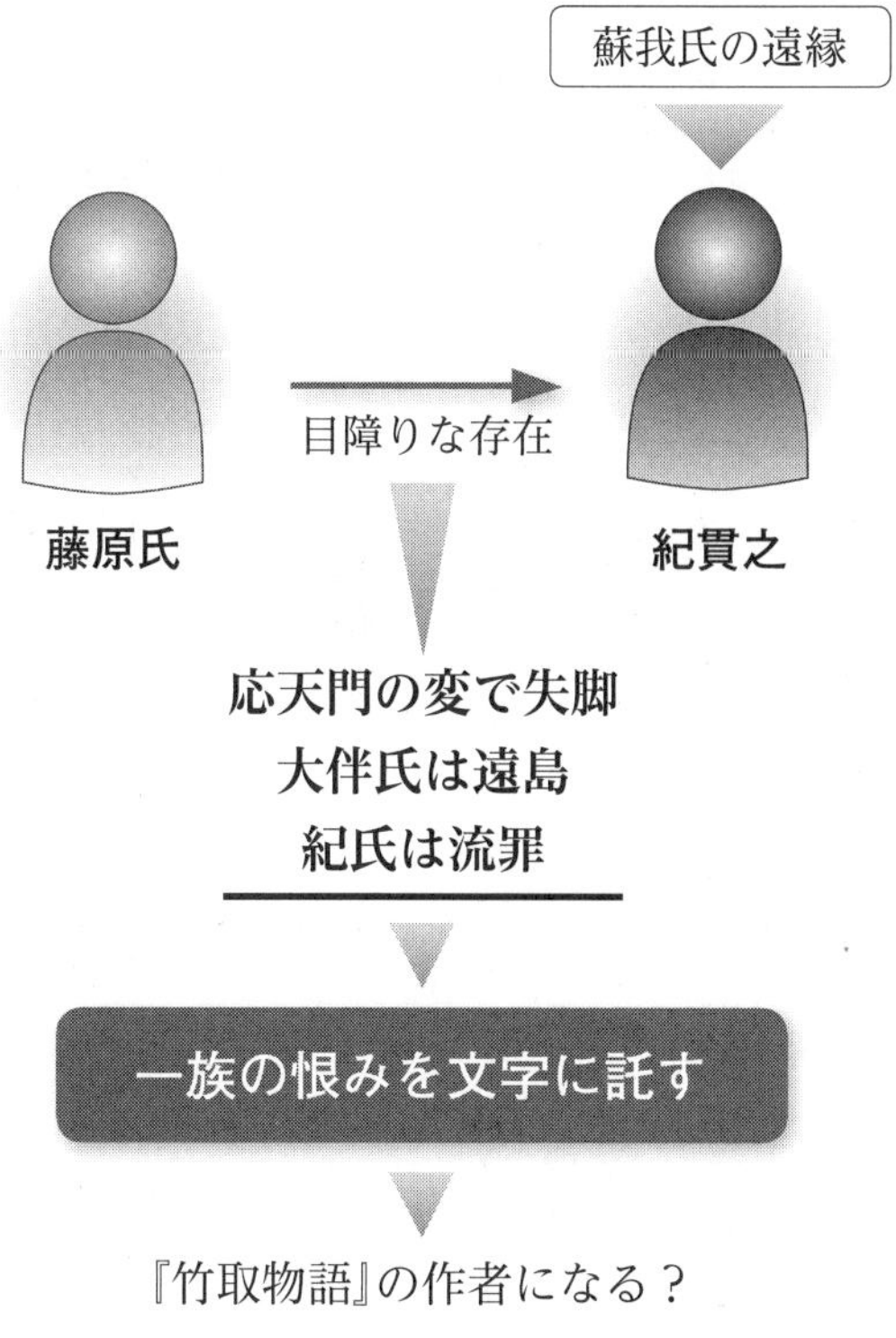

逆に訴えられ、伴氏は遠島、共謀者として紀氏も流罪を言い渡され、ここに、古代を代表する最後の有力氏族、大伴氏と紀氏が政界から追放され、藤原氏の摂関政治が始まったのである。

事件当時十二歳であった紀貫之は、紀氏没落の目撃者であり、一族の恨みを文学に託したのではないかとされている。

『竹取物語』と瓜二つの中将姫伝説

ところで、『竹取物語と中将姫《ちゆうじようひめ》伝説』（三一書房）の中で梅澤恵美子氏は、『竹取物語』のかぐや姫には、明確なモデルがあって、それは当麻寺《たいまでら》に残る中将姫伝説の主人公、藤原豊成《ふじわらのとよなり》の姫、中将姫であったとしている。

中将姫は藤原一門に生まれながら、藤原一族の犯してきた罪を憎み、懺悔《ざんげ》の意識強く、天皇からの入内《じゆだい》の要請も断り、ついには出家して当麻寺に入り、ここで蓮の糸で一丈五尺の大曼荼羅《だいまんだら》を織り上げた。そこから十三年後の春三月十四日、

「私が娑婆の苦域に居るのも、今しばらくの間」

といい、身を清め、西面して端座合掌《たんざがっしょう》し、往生の時を待つと、はたして紫雲空に棚引き、この雲の間から一条の光明が顔を照らしたという。

紫の雲のたえまに吹く風を聖衆　来迎音楽の音

と詠い、そのまま眠るように、中将姫は息絶えていた。このとき、極楽浄土の二十五菩薩《ぼさつ》が来て中将姫を導き、光の道を登って極楽浄土へ向かったという。

この中将姫伝説が、当麻寺の練供養《ねりくよう》となって今日に伝わるが、この中将姫の最期は、まさにかぐや姫昇天を彷彿《ほうふつ》とさせるものがある。

梅澤氏は二つの共通点を、話の内容から次のようにまとめている。

『竹取物語』

①昔の罪により、この人間の世界にやってきた

②過去に罪を犯した故、穢《きたな》き世に落とした
③この世の人でない
④衆生を救うために、この世に遣わされた
⑤姿を消したり現れたり、神がかり的
⑥多くの貴族から求婚される。そしてそれを拒否
⑦天皇に同情
⑧天から迎えが来て昇天

「中将姫」
①生まれたときから、女人成仏の運命
②過去よりの怨みを含める、悪しき因縁に苦しむ
③生まれつき世の人と異なる
④蓮が誕生にかかわり、仏の子を意識させる
⑤竜田川の鳴動を止めるなど、巫女的要素を意識させて、神がかっている
⑥多くの貴族に恋い焦がれられ、天皇から求婚される。そして、これを拒否

藤原一門でありながら一族の罪を懺悔した中将姫像(上)と当麻寺にある中将姫剃髪堂(下・どちらも奈良県葛城市)

⑦天皇に同情
竜田明神との会話「この上は汝と心を合わせ、朝廷の安泰をはかり、人びとを善心に導かねばならぬ」
⑧天から二十五菩薩来迎、昇天

こうして見てくると、二つの話が瓜二つであったことがわかる。そして注目されるのが、かぐや姫が藤原氏を糾弾し、かたや中将姫は藤原氏出身の女人で、藤原氏の犯した罪を懺悔するために出家したことにある。立場は違っていても、彼女たちが藤原氏の罪にかかわっていたことは間違いない。そして、もうひとつ注目されるのは、ふたりそろって、天皇家に同情している点にある。

ますます増長し傲慢になった藤原氏への反発

中将姫が藤原の罪を強烈に意識したのは、長屋王《ながやおう》の祟りとかかわりがある。
長屋王は天武天皇の孫で、藤原氏が台頭する中、藤原氏の血をひかぬ皇族として

朝廷の頂点、左大臣に登りつめた反藤原派期待の星であった。ところが、藤原氏は、

「左道（不正な道）を学んだ」

という言い掛かりをつけて、長屋王の一族を滅ぼしてしまうのである。長屋王の死後、藤原不比等の四人の子が朝廷を牛耳り、藤原の天下は確立された。ところが、長屋王の死から八年後、藤原氏を悪夢が襲う。我が世の春を謳歌していた藤原四兄弟が、次々と天然痘《てんねんとう》で死んでいったのである。

祟り――藤原一族は、長屋王の影に恐怖した。

中将姫の祖父・武智麻呂《むちまろ》（藤原南家の祖）は、藤原氏に似つかわしくなく温厚な性格で学究肌の人であった。ところが、陰謀や謀略を好まない武智麻呂でさえ、長屋王の祟りからは逃れられなかったのである。藤原氏は震え上がり、この恐怖心が中将姫に信仰の道を選ばせたのであった。

では、なぜ中将姫とかぐや姫は、天皇家に同情的だったのであろうか。

それは、藤原氏にとって、天皇家が藤原氏永続のための道具に過ぎなかったからであり、天皇に女人を入れ、自家の血を注ぎ込むことによって、天皇を藤原の傀儡《かいらい》

にしたからである。

飛鳥時代から奈良時代にかけて、藤原氏は多くの罪なき人びとを殺し、その犠牲者を踏み台にして、一族繁栄の基礎を築いた。ゆるぎない権力は平安時代に確定的となり、邪魔者は陰謀によって葬り去られるようになる。「藤原氏でなければ人でない」と言い出しそうな権勢である。国家運営は藤原の私財に頼らざるを得なかったほどで、この藤原氏の財は、全国の民衆から搾り取られたものである。

藤原氏のみが栄え、藤原氏でないものはただひたすら耐える——これが平安時代の実態であり、『竹取物語』はこの藤原の傲慢を許そうとはしなかった。

くらもちの皇子(藤原不比等)にまつわる『竹取物語』の概略

藤原不比等をモデルにした「くらもちの皇子」に対して、『竹取物語』は、次のようにいう。

くらもちの皇子は、心たばかりある人にて

と、くらもちの皇子（藤原不比等）は謀略家であると断言している。他の実名の人物とは別に、不比等を仮名にせざるをえなかったのは、このような藤原氏に対する辛辣《しんらつ》な批判がもりこまれていたからにほかならない。

かぐや姫に求婚したくらもちの皇子は、東の海の蓬萊《ほうらい》にあるという白銀の根、黄金の茎、白い玉を実とする木のひと枝をとってくるようにというかぐや姫の要求に対し、

「筑紫《つくし》の国に湯浴《ゆあみ》にまからむ」

と朝廷に申し出て、さらにかぐや姫には、「玉の枝とりになむまかる」と言い伝えて出発したので、みな難波まで見送りに行った。ところが、三日ほどして、くらもちの皇子は難波に戻ってきてしまう。

人が容易には近寄れないような館を建て、一流の工人六人を呼び寄せ、皇子らとともにこもってかぐや姫のいうとおりの玉の枝を造ったのだった。そして、さも蓬萊山から帰ってきたように、難波の港に運び、

「船に乗って帰ってきた」

と使いを出し、長い船旅に疲れたふりをしていた。

噂を聞きつけたかぐや姫は、

「私はこの皇子に負けてしまう（妻とならねばならぬ）」

と胸のつぶれる思いであった。

すると、くらもちの皇子が、

「旅の姿ですが」

といい、館に来る。

「身命を賭して玉の枝をもって参りました」

と報告すると、かぐや姫を育てる翁さえ、くらもちの皇子の熱意に心を動かされ、

「この皇子と結婚して仕えなさい」

とうながすので、かぐや姫は頬杖をついて思い沈むのであった。

くらもちの皇子は、

「いまになっては、もう何もいうことはできまい」

と、ずかずかと縁にのぼってくる。翁はもうその気で、

「お人柄も立派」

としきりに感じ入る。

しかしかぐや姫は、

「翁のすすめをお断り続けるのも気の毒なので、手には入れられぬものを欲しいといってみたのに」

と、まだ未練が残る。翁はそそくさと寝室の用意を始めてしまう。

ふっと翁が、

「どのようなところに、この木はあったのでしょう」

と尋ねると、くらもちの皇子はそのありさまを語り出した。

「一昨々年の二月十日頃に、難波から船に乗って海に漕ぎ出してはみたものの、はて、どちらへ行ってみたものかと途方に暮れましたが、思うことを成し遂げられないなら、何で生きていられようかと、ただ風にまかせて生きている限りはこうして漕いでいれば、蓬萊山に行き着くこともあろうと、どこまでも行き、あるときは波にのまれて海の藻屑となりかけ、あるときは見知らぬ国に吹きつけられて鬼が出てきて殺されそうになり（このあたり、くらもちの皇子の苦労話がくどいので以下省略）、いろんな目にあって、ついに五百日目という日、海の彼方に山が見えてきたのです。近寄ってみると、天人の装いをした女が山から出てきて、銀の椀で水をくんでいますので、この山をたずねたところ、蓬莱山と申しますので、例えようもなく嬉しくなりました。さて、この島には、この世のものとは思われぬ花や木があって、金、銀、瑠璃《るり》色の水が流れ、玉の橋もかかり、近くに輝く木が茂っておりました。枝を折るのは気が引けて、この花を持ってきたものの落ち着かず、四百日で帰ってきました。これも神仏に祈願した功徳《くどく》のたまものでありましょうか」

これを聞いた翁はいよいよかしこまった。

と、そのときのこと、六人の男たちがぞろぞろと庭先に現れた。その中のひとりが手紙を差し出して訴える。

「玉の木を作るために五穀断ちをし、千日もの間尽力しました。けれども、いまだにお手当てをいただいておりません。貧しい職人たちにお金をわけてあげたいのです」

啞然《あぜん》とするくらもちの皇子、不審がる翁、かぐや姫は手紙を受け取る。そこには、

「皇子の君は千日もの間、身分の低い工匠《こうしょう》らとともに同じ館にお隠れになって、玉の枝をお作りになって、官職を下さるとおっしゃった。けれども、その様子が見受けられないので、このごろ考えてみますと、玉の枝を求められたのがかぐや姫でありますので、こちらの家から直接報酬をいただきたい」

と書いてある。工匠たちも口々に、

「下さりませ。下さりませ」

というので、かぐや姫はそれまでの憂いが嘘のように飛び散り、

「本物かと思っておりましたが、このようなあさましい狂言であるならば、この玉の木をすぐにお返ししてしまいましょう」

というので、さすがにだまされたことに気恥ずかしく思った翁であったが、玉の枝をそそくさと返してしまう。

くらもちの皇子は気まずい思いであったが、日が暮れるのを見計らって、こっそりと消えてしまった。かぐや姫は工匠たちを呼び、

「うれしき人どもなり」

といって、ほうびを賜った。工匠たちは喜んで、

「思っていたとおりもらうことができた」

といって帰ったが、帰途、待ちかまえていたくらもちの皇子に血の流れるまでたたかれ、もらったほうびも、甲斐なく皇子に取りあげられ、捨てられてしまい、散々に逃げたのだった。

かくして、この皇子は、

「一生涯の恥辱、これに過ぐることはない、世間に恥をさらしてしまった」

といって、ひとり深山に入ってしまい、亡くなったのかと思うほど、見つけることはできなかった。これが、くらもちの皇子（藤原不比等）にまつわる『竹取物語』の概略である。

かぐや姫の同情をさそった物部氏

かぐや姫がいかに藤原不比等をこきおろしているかは明らかであり、藤原全盛時代にこれを記した勇気、そして、だからこそ不比等の実名をあげられなかったことの意味がわかってくる。

逆に、不比等の陰謀で、旧都の留守役として捨てられた石上（物部）麻呂は、石《いその》上《かみの》まろたりで、ほぼ実名通りに登場しているだけではなく、かぐや姫が求婚者五人の中で、唯一同情を寄せてもいる。

かぐや姫は、石上の求婚に対し、燕《つばめ》の持っている子安貝《こやすがい》を取るようにと難題を与えている。石上は家来たちに、燕が巣を作ったら教えるようにいうと、家来たちは、燕の腹の中に子安貝はなく、ただ子を産むときに、なぜか子安貝が出てくる、という。

また、ある者は、大炊寮《おおいつかさ》の飯をたく棟には、天井の多くの穴それぞれに燕がさて巣を作ること、そこに達者な家来を連れて行き、足場を組んで登らせれば、数ある燕のどれかが子を産むでしょう、ということなので、石上はそのとおりやってみるのだが、寄ってたかって人びとが巣に近づくものだから、燕が巣に帰ってこない。

弱り果てた石上によい知恵があるといって近づいてきたのは、大炊寮の役人のくらつまろという人だった。

「燕の子安貝は、こんな稚拙な策では取れません。人をみな退かせ、ひとりだけ籠に乗せて、鳥が子を産もうとするそのとき、綱を引き上げれば、子安貝は取れるでしょう」

という。

「それはよい」

と石上は喜び、

「私の家の者でもないのに、私の願いをかなえてくれるうれしさよ」

とて、御衣を脱いでごほうびに与えたのだった。

「夜になったらまた来るように」

といって、石上はくらつまろを帰す。

日が暮れて、こっそり大炊寮へ行ってみると、くらつまろのいうとおり、たしかに燕が巣を作っている。ひとりの男を籠に乗せて綱を引いて釣り上げて、巣に手を入れさせてみるが何もないという。

そこで、石上は自分で籠に乗ってみる。はたして、巣に手を突っ込むと、平たい物が感じられる。

「何かある。おろしてくれ。してやったり」

と叫ぶので、家来たちがあわてて籠を下ろそうとしたそのとき、綱が切れ、八島《やしま》の鼎《かなえ》（大炊寮の三本足の釜）の上に仰向けに落ちてしまった。

息も絶え絶えの石上。けれども、子安貝をとったことがうれしくてたまらない。しかし、灯りをともして驚く。何と、平たいものとは子安貝ではなく、燕の糞《ふん》の固まりであった。

　気落ちした石上はそのまま寝込んでしまった。子どもじみたことをして失敗し、病気になったことをひどく恥じ、世間体が悪いと、いよいよ具合は悪くなる。

　かぐや姫はお見舞いに歌を賜り、石上も歌を返す。

かひはなくありけるものをわび果てて死ぬる命をすくひやはせぬ

（貝は取れませんでしたが、見舞いをいただいて甲斐はあったといえましょう。しかし、御厚意をいただきながら、悲嘆し死んでゆく命を、あの貝ですくって（救）はくれないでしょうか）

と記して、石上は息を引き取った。

石上の死を聞いたかぐや姫は、

「すこしあはれとおぼしけり」

と、石上に同情した、というのである。

すでに触れたように、五人の求婚者の中で、かぐや姫の同情をさそったのは、石上のまろたりひとりであった。

羽衣を渡して滅亡の運命をたどった物部氏

梅澤恵美子氏は『竹取物語と中将姫伝説』(三一書房)の中で、石上(物部)に対する同情の裏には、『竹取物語』の作者の明確な意図が隠されているとする。

たとえば、石上が必死になって求めた子安貝(宝貝)は、紡錘形《ぼうすいけい》で美しい形であるところから、生殖への神秘力を連想させ、子どもの成長と安産を守る民間信仰の神とも安産のお守りともされてきたことに注目し、これが、物部一族の担ってきた湯坐部《ゆえべ》、皇子の成長を守る役目と重なってくるというのである。そして、物語の中の子安貝は、天皇の子、皇太子を意味していたのではないか、と考えたのである。

石上神宮（奈良県天理市）の拝殿（上）。境内では鶏を飼っている（下）。

また、物語の舞台となった大炊寮や石上が落ちたという八島の鼎にも深い意味が隠されているという。

ニギハヤヒの妻や推古天皇の名に「炊屋《かしきや》」がつくのは、御炊屋《みかしきや》が神に食事を捧げる者であり、彼女たちが巫女《みこ》であったからで、大炊寮も八島の鼎（かまどの神）も、巫女を暗示しているという。ちなみに、神に食事を供する者を神聖な者とみなしたのは、豊受大神という例からも明らかである。

それはともかく、ヤマト建国以来、多くの妃を天皇家に嫁がせ、生まれた皇子を養育してきた物部氏にとって、子安貝は一種の象徴なのであった。

梅澤氏はこのあたりの事情を『竹取物語と中将姫伝説』の中で次のようにいう。

石上麻呂は、藤原によって、本来持っていた〝モノ〟の力を奪われ、物部一族から皇后を出すことも、その皇后に皇子を生ませ養育する権利すら失ってしまった。もはや正統なる皇位継承は、断ち切られてしまったのである。麻呂がどんなに頑張っても、もはや〝モノ〟の権利を取り戻すことは、藤原の勢力下では不可能であった。

それでも彼は懸命に、燕の巣に手を届かそうとするのである。けれど彼が掴んだのは、本当の子安貝（皇子）ではなく、子安貝に似たような糞の塊（正当な継承でないもの）であった。彼は本来の物部の役目を果たすことに失敗したのである。そしてそれを気に病んで死んでいく。

さらに、石上まろたりの失敗は、すなわち、八世紀初頭の物部氏の没落を暗示しているとし、

それは、燕《つばめ》の巣をとりそこなって、あお向けになって転落した姿そのままである。そしてそれと同時に不比等《ふひと》によって〝神《モノ》〟の一族が〝鬼《モノ》〟の一族にと転化させられていくことになってしまった（後略）

というのである。

その通りであろう。実在の石上麻呂は持統や不比等の政権下にあって、出世階段を駈けのぼり、晩年ついには朝廷の最高位、左大臣に到達している。正史には記さ

れていないが、この当時すでに不比等は朝廷を裏側から操っていた疑いが強いから、このような人事も、不比等の画策したものであったろう。藤原氏は対立する勢力を潰すために、敵の中心人物を出世させたうえで、孤立状態に持ち込み、首を斬るという手口をよく使う。左大臣に達した長屋王に濡れ衣を着せて一族を自殺に追い込んだのがそのよい例であった。石上麻呂は、不比等が右大臣のときの左大臣であって、不比等によって最後の標的にされた。

石上麻呂は、不比等によって左大臣まで登らされ、足元をすくわれたのである。しかもその足元にあったのは、トヨとかかわりの深い籠であった。麻呂は、まるで木から吊された籠の中に入った屍であり、出雲の風葬を思い出させるのである。

そして、まろたりが倒れる直前、まろたりは感謝の意といって、御衣を与えている。衣、機織がいかに宗教的な意味合いを持っていたかはすでに触れたところである。しかも、持統天皇は、羽衣を奪い取ってしまおうと詠っている。このまろたりの手渡してしまったという御衣は、多分、神聖な御衣であったろう。ヤマトタケルが神宝・草薙剣《くさなぎのつるぎ》を尾張に置いていったために伊吹山の神の毒気にあたり、ついには死んでしまったように、まろたりは、御衣を渡してしまったことで、滅亡の運命

ヤマトタケルが毒気に当たり死んでしまったという伊吹山（滋賀県と岐阜県の境）

を担ったのである。

『竹取物語』は独裁者藤原氏への非難と抗議の書

こうして不比等と物部氏をめぐる二つの話を見てくれば、『竹取物語』のいわんとしていることは、ほぼ明らかであろう。『竹取物語』は明らかに、藤原一族の権力への執着に対する非難の書であり、手段を選ばぬその手口に対する糾弾の書であった。

かぐや姫は、求婚騒ぎからのち、しばらく平穏に暮らしていたが、あるときふと、人間世界の者ではないことを翁に告白する。もう月の都に帰らねばならぬという。

嘆き悲しむ翁。翁はまだ五十歳というのに、かぐや姫と別れなければならぬと思い、鬢は白く、腰は曲がり、目もただれてしまい、まるで老人のような姿になる。

かぐや姫が月に迎えられるという満月の晩、帝は兵を差し向け、かぐや姫を守ろうとする。しかし、かぐや姫は、かの国の人びとと戦うことはできない、という。

はたして、迎えに来た月の都の人びとの前で、兵士たちは矢を射ることができない。翁は必死になって、かぐや姫が病で伏せているから出られないというが、月の都の王らしき者は、翁の言葉を聞き入れず、かぐや姫に呼びかける。

いざ、かぐや姫、穢《きたな》き所にいかでか久しくおはせむ

かぐや姫は、この言葉に促されるように外に出る。顔を出した翁に向かってかぐや姫は、

「未練を残して帰って行くのですから、せめて見送って下さいませ」

というが、翁の気はおさまらない。かぐや姫は仕方なく手紙を書き、

「脱ぎ置く衣をわが形見とお思いください」

という。

「月の出た夜は、月を眺めてください。私も心引かれて落ちてきてしまいたいほどです」

と。

そのとき、天人が二つの箱を持ってくると、その中には天の羽衣と不死の薬が入っている。天人は、穢き世の食物を口にされて御気分が悪いでしょうからと、薬をすすめる。かぐや姫は少しなめ、形見にと、先の衣に包もうとするが、天人は許さず、天の羽衣を着せようとする。

「しばし待て」

とかぐや姫は制し、

「衣を着た人は、心が人と同じではなくなるという。その前に、ひとつ言い残しておきたいことがある」

と、別れの言葉を手紙に書き、

いまはとて天の羽衣きるをりぞ君をあはれと思ひ出でぬる

と歌を残し、天の羽衣を着せられたのだった。

この衣を着た人は、憂いも恨みもなくなるから、かぐや姫は車に乗って、百人の天人とともに昇天したのである。

カゴメ歌にこめられた藤原氏への恨み

このかぐや姫の最後の願いも、いくつかの興味深い点がある。

まず第一に、「いざ、かぐや姫、穢き所にいかでか久しくおはせむ」と、これは天人から見た人間社会への批判であるけれども、人の世とは、すなわち、藤原の世を指している。

梅澤氏は天人について、

「ニギハヤヒとそれを祀る物部《もののべ》氏、〝モノ〟一族のリーダーであった蘇我《そが》氏、天武《てんむ》天皇と皇子達、そして二大勢力の相克の果てに敗者となった大和豪族達」つまり、藤原氏の手で抹殺され滅亡させられたモノの一族がその正体であったとする。

まさにその通りであろう。『竹取物語』がかぐや姫のはかない生涯に託したものは、人びとを苦しめて自家の繁栄のみを願う藤原の罪を訴え、後世に残すことであったろう。そして、モノの一族は過去の輝かしい日々を忘れることはできず、藤原の世を「穢き所」と断言するのである。

そして第二に、『竹取物語』のしめくくり、かぐや姫昇天の場面で、天の羽衣が登場したことは、かぐや姫の悲劇が一方でトヨの悲劇であったことを暗示していて、『竹取物語』が豊受大神の羽衣伝承に根ざした説話であったことを証明している。

藤原不比等は、持統女帝を天照大神に仕立て上げることで、文武以下の天皇家の正統性を繕った。天武天皇が太陽神になるのが道理であるのに、女帝を無理矢理巫女から神にすり替えたのは、ヤマトの本来の太陽神を闇に葬り、またトヨの正体を曖昧なものにするためであった。つまり、トヨの受難は、ヤマト建国と藤原王国誕生の二度であったことを雄弁に物語ってはいないだろうか。

思えば、『竹取物語』には、羽衣伝承ばかりでなく、浦島伝承的な要素をも秘めていたものである。かぐや姫の月への昇天を思うと翁は、齢五十というのに、突如として腰が曲がり、鬢は白く、目がただれたとあるが、これは、明らかに浦島太郎を意識した文飾である。

また、くらもちの皇子こと藤原不比等が蓬莱山へ行くと嘘をついて訪ねなかったのは、不比等には浦島のように、蓬萊山（竜宮城）に行く資格もないのだという作者の皮肉混じりのメッセージであろうし、不比等が蓬萊山への往復をほぼ三年としているのは、浦島伝説を意識しての設定であることは間違いない。

また何度もいうように、石上麻呂が籠もろとも釜の上に仰向けに倒れて死んだのは、物部の滅亡であり、それが籠の上であったところに、深い暗示が込められていたように思えてならないのである。

つまり、三世紀後半に起きたヤマト建国直前のトヨの悲劇は、数世紀を経て八世紀のヤマトで繰り返され、藤原一族がすべてをぶち壊し、暗黒の時代をもたらしたのであった。そして、この藤原氏に対する強烈な民族の記憶、恨みが、やがてカゴメ歌となって歌い継がれ、歴史の謎かけを用意したのではなかったか。

「カゴメカゴメ」とは、民俗学者の言うような、「かがめかがめ」ではなく、神聖な神や巫女の乗る「カゴの目」であり、「カゴの中の鳥」は、豊受大神に代表される、「鳥巫女」なのである。「鶴と亀がすべった」とは、鳥巫女がすべった（敗れた）のであり、これは三世紀の台与の悲劇であるとともに、七世紀の「トヨ」や「ヱノ」の政権の零落を暗示していたのだ。

「夜明けの晩」は難題で、本文では触れることはなかったが、ひとつの仮説がある。『日本書紀』の神功皇后の活躍の中で、日蝕記事が載せられていることが、ひとつのヒントになろう。

安本美典氏も指摘するように、邪馬台国のヒミコが死んだ年に、皆既日食が起きている（『倭王卑弥呼と天照大御神伝承』勉誠出版）。『日本書紀』や『古事記』の神話にも、太陽神天照大神が、天の岩屋戸に隠れるというシーンがあったが、これも、邪馬台国の時代の日蝕がモチーフになっていた疑いが強い。

日蝕によって、ヒミコのシャーマンとしての能力が疑われ、血祭りに上げられたのではないかとする推理もあるが、そうではなく、おそらく人々を不安に陥れ、劇的な情勢の変化が起きていたのだろう。日蝕とともに北部九州の邪馬台国は畿内のヤマトに攻め落とされ、ここに、トヨの王家が君臨したのである。しかし、この女王も、悲惨な末路をたどる。

日蝕は女王の悲劇の前兆であり、遠い民族の記憶でもあっただろう。また「夜明けの晩」は、日の出前のもっともくらい一瞬であるかもしれず、ヤマト誕生の裏側に隠された闇でもある。

では、後ろの正面とは何を意味しているのだろう。それは、カゴメ歌が『竹取物語』のかぐや姫の悲劇や、浦島太郎伝説と多くの接点を持っていたことから明らかであろう。古き良きヤマトの時代がいかに葬り去られたのか、そのカラクリこそ、いつか誰かに探り当ててほしいと願い、語り継がれてきたのだろう。

おわりに

テレビやラジオ、新聞がない時代、いったいどうやってカゴメ歌は、全国に伝わっていったのだろう。

もし、人から人に口づてに伝わっていったのなら、これほど見事に「コピー」されていくものなのだろうか。多少の異動はあったにしても、各地のカゴメ歌の歌詞が、ほとんど「テーマ」からそれていないのは、かえって不審である。そうなると、「伝道師」の存在を想定したくなるのである。

古代から中世、近世にかけて、日本中にくまなく情報を伝達できた者、そして、歴史を残していきたいと願った者たちがいたのではあるまいか。

ここで脚光を浴びるのが、修験者《しゅげんじゃ》たちである。

修験道は、七世紀末から八世紀にかけて、ヤマトの周辺の山で発生した。

七世紀末から八世紀といえば、「蘇我」や「物部」が没落した時代であり、また、持統や藤原不比等が、古い歴史書をかき集め、歴史改竄に励んでいた時代である。その頃、なぜヤマト周辺の山々に、新たな信仰が、芽生えつつあったのだろう。

それは、簡単なことなのだ。ヤマト建国後継承された「ヤマトの宗教観」は、いったん七世紀末の藤原氏の台頭とともに、途切れてしまったのだ。本来なら神聖な立場にいた、物部や蘇我ら、「モノの一族」は、「鬼」のレッテルを貼られ、辺境へと追いやられ、零落していったのである。

問題は、こののち「都の貴族たち（具体的には藤原である）」が、それまでに潰してきた政敵の亡霊にあえぎ、祟りに怯えていくこと、そして、「わたしどもが、鬼を退治してさし上げよう」と、手をさしのべた者たちがいたことだ。それが、ヤマトの山の修験者である。鬼となった彼らは、都の鬼を退治することで、政権を裏側から操る隠然たる力を獲得していくのである。

やがて貴族社会が没落すると、修験道的な鎌倉仏教が、火を吹くように広まっていくのである。また、この結果、日本全国を結ぶネットワークが、修験者によって構築され、多くの情報と文物が、彼らの手で運ばれていったのである。

修験者たちは、「モノの恨み」「トヨの悲劇」を語り継ぐ者たちでもあった。そう考えると、「カゴメ歌」が三世紀の悲劇を今に語り継いでいたとしても、なんの不思議もないように思えてくるのである。

なお、今回の執筆にあたっては、PHP研究所の前原真由美氏、アイブックコミュニケーションズ代表取締役の的場康樹氏、歴史作家の梅澤恵美子氏のみなさまにお世話になりました。改めてお礼申し上げます。

合掌

参考文献

『古事記祝詞』 日本古典文学大系 （岩波書店）
『日本書紀』 日本古典文学大系 （岩波書店）
『風土記』 日本古典文学大系 （岩波書店）
『萬葉集』 日本古典文学大系 （岩波書店）
『続日本紀』 新日本古典文学大系 （岩波書店）
『魏志倭人伝・後漢書倭伝・宋書倭国伝・隋書倭国伝』 石原道博編訳 （岩波書店）
『旧唐書倭国日本伝・宋史日本伝・元史日本伝』 石原道博編訳 （岩波書店）
『三国史記倭人伝』 佐伯有清編訳 （岩波書店）
『先代舊事本紀』 大野七三 （新人物往来社）
『日本の神々』 谷川健一編 （白水社）
『神道大系 神社編』 （神道大系編纂会）
『竹取物語』 中河與一訳注 （角川文庫）
『風土記 東洋文庫 一四五』 吉野裕訳 （平凡社）
『竹取物語と中将姫伝説』 梅澤恵美子 （三一書房）
『こども風土記』 柳田国男 （筑摩書房）
『新講 わらべ唄風土記』 浅野建二 （柳原書店）
『竹の民俗誌』 沖浦和光 （岩波新書）
『折口信夫全集』 （中公文庫）

『遊女と天皇』　大和岩雄（白水社）
『天翔る白鳥ヤマトタケル』　小椋一葉（河出書房新社）
『謎の出雲帝国』　吉田大洋（徳間書店）
『能の表現』　増田正造（中公新書）
『稲と鳥と太陽の道』　萩原秀三郎（大修館書店）
『白鳥伝説』　谷川健一（集英社文庫）
『古代日本人の信仰と祭祀』　谷川健一他（大和書房）
『大嘗祭』　吉野裕子（弘文堂）
『古代日本正史』　原田常治（同志社）
『隠された十字架』　梅原猛（新潮社）
『奴奈川姫』　土田孝雄（奴奈川文化研究会）
『天武天皇出生の謎』　大和岩雄（六興出版）
『弥生文化の成立』　金関恕　大阪府立弥生文化博物館編（角川選書）
『神々の体系』　上山春平（中公新書）
『当麻寺中将姫一代記』（当麻寺）
『増補日鮮神話伝説の研究　三品彰英論文集　第四巻』　三品彰英（平凡社）
『考古学と古代日本』　森浩一（中央公論社）
『倭王卑弥呼と天照大御神伝承』　安本美典（勉誠出版）

著者紹介
関　裕二（せき　ゆうじ）
1959年、千葉県柏市生まれ。歴史作家。仏教美術に魅せられて足繁く奈良に通い、日本古代史を研究。文献史学・考古学・民俗学など、学問の枠にとらわれない広い視野から日本古代史、そして日本史全般にわたる研究・執筆活動に取り組む。
主な著書に、『地形で読み解く古代史』（ベストセラーズ）、『なぜ日本と朝鮮半島は仲が悪いのか』（PHP研究所）、『前方後円墳の暗号』（講談社＋α文庫）、『消えた海洋王国　吉備物部一族の正体』（新潮文庫）、『ヤマト王権と十大豪族の正体』『ヤマト王権と古代史十大事件』『天皇家と古代史十大事件』『神武東征とヤマト建国の謎』『検証！ 古代史「十大遺跡」の謎』（以上、PHP文庫）など多数。

本書は2007年3月に東京書籍より刊行された『かごめ歌の暗号』を大幅に加筆修正し改題したものです。

PHP文庫　わらべ歌に隠された古代史の闇

2017年4月17日　第1版第1刷

著　者　関　裕二
発行者　岡　修平
発行所　株式会社ＰＨＰ研究所
東京本部　〒135-8137 江東区豊洲5-6-52
文庫出版部　☎03-3520-9617(編集)
普及一部　☎03-3520-9630(販売)
京都本部　〒601-8411 京都市南区西九条北ノ内町11
PHP INTERFACE　http://www.php.co.jp/
組　版　有限会社エヴリ・シンク
印刷所
製本所　図書印刷株式会社

ISBN978-4-569-76700-0